*Para*

*com votos de paz.*

/ /

# DIVALDO FRANCO
Pelo Espírito AMÉLIA RODRIGUES

# O ESSENCIAL

**EDITORA LEAL**

SALVADOR
1. ED. – 2024

COPYRIGHT ©(2024)
CENTRO ESPÍRITA CAMINHO DA REDENÇÃO
Rua Jayme Vieira Lima, 104
Pau da Lima, Salvador, BA.
CEP 412350-000
SITE: https://mansaodocaminho.com.br
EDIÇÃO: 1. ed. (1ª reimpressão) – 2024
TIRAGEM: 5.000 exemplares (milheiro: 12.000)
COORDENAÇÃO EDITORIAL
Lívia Maria Costa Sousa

REVISÃO
Adriano Ferreira · Lívia Maria C. Sousa
CAPA E MONTAGEM DE CAPA
Ailton Bosco
EDITORAÇÃO ELETRÔNICA
Ailton Bosco
GLOSSÁRIO: Cleber Gonçalves,
Lenise Gonçalves e Augusto Rocha
COEDIÇÃO E PUBLICAÇÃO
Instituto Beneficente Boa Nova

PRODUÇÃO GRÁFICA
LIVRARIA ESPÍRITA ALVORADA EDITORA – LEAL
E-mail: editora.leal@cecr.com.br

DISTRIBUIÇÃO
INSTITUTO BENEFICENTE BOA NOVA
Av. Porto Ferreira, 1031, Parque Iracema. CEP 15809-020
Catanduva-SP.
Contatos: (17) 3531-4444 | (17) 99777-7413 (WhatsApp)
E-mail: boanova@boanova.net
Vendas on-line: https://www.livrarialeal.com.br

Dados Internacionais de Catalogação na Publicação (CIP)
(Catalogação na fonte)
BIBLIOTECA JOANNA DE ÂNGELIS

---

F825   FRANCO, Divaldo Pereira. (1927)

   O Essencial. 1. ed. / Pelo Espírito Amélia Rodrigues [psicografado por] Divaldo Pereira Franco, Salvador: LEAL, 2024.

   232 p.

   ISBN: 978-65-86256-40-6

   1. Espiritismo 2. Psicografia 3. Evangelho
   I. Título II. Divaldo Franco

   CDD: 133.93

---

Bibliotecária responsável: Maria Suely de Castro Martins – CRB-5/509

DIREITOS RESERVADOS: todos os direitos de reprodução, cópia, comunicação ao público e exploração econômica desta obra estão reservados, única e exclusivamente, para o Centro Espírita Caminho da Redenção. Proibida a sua reprodução parcial ou total, por qualquer meio, sem expressa autorização, nos termos da Lei 9.610/98.
Impresso no Brasil | Presita en Brazilo

# SUMÁRIO

|    | *O Essencial*                   | 7   |
|----|---------------------------------|-----|
| 1  | Quando Ele chegou               | 11  |
| 2  | Alvíssaras de alegrias          | 17  |
| 3  | Desafios à fé                   | 23  |
| 4  | A verdadeira cura               | 29  |
| 5  | Júbilos imorredouros            | 37  |
| 6  | Inesquecíveis lições de vida    | 43  |
| 7  | O doce poeta e o seu belo canto | 49  |
| 8  | Em Nazaré, não O receberam...   | 55  |
| 9  | Reflexões cristãs               | 61  |
| 10 | Naquele verão...                | 65  |
| 11 | A primavera chegara             | 71  |
| 12 | Amanhecer inigualável           | 77  |
| 13 | Testemunhos à fé                | 83  |
| 14 | Vamo-nos! Saiamos daqui!        | 89  |
| 15 | Médico de almas                 | 95  |
| 16 | A herança divina                | 103 |

| 17 | Os tormentos da alma | 109 |
| 18 | Os grandes inimigos | 115 |
| 19 | Um israelita sem dolo | 123 |
| 20 | Segue-me... | 131 |
| 21 | Holocausto de amor | 139 |
| 22 | Pobre de espírito | 147 |
| 23 | A planície humana | 157 |
| 24 | Filho do rei | 165 |
| 25 | Lázaro sempre vivo | 171 |
| 26 | O vale dos lírios | 177 |
| 27 | Na estrada de Emaús | 185 |
| 28 | Hoje, assim como ontem | 191 |
| 29 | O Reino de Deus | 197 |
| 30 | Amigos na hora última | 203 |
| | Glossário | 209 |

# O ESSENCIAL

A reencarnação tem como finalidade <u>precípua</u>[1] o desenvolvimento dos conteúdos <u>transcendentes</u> da existência, facultando o desabrochar do conhecimento que revela a legitimidade do existir no <u>imo</u> da sua realidade espiritual.

A essência, que precede a jornada evolutiva, jaz em germe no ser, criado simples e ignorante, e a pouco e pouco desdobra o pensamento divino, através do qual se aprimora e felicita.

De natureza mais brutal são os primeiros passos que propiciam a libertação do conhecimento, conquistando lucidez lentamente, até o momento de união plena com Deus.

As heranças das fases primitivas que se fixam no corpo espiritual *exigem maior esforço mental*, para a sua superação, abrindo espaço para aquisições mais profundas e significativas.

Em razão do estágio moral em que transita com maior ou menor facilidade, necessita da própria inclusão para com-

---

1. As palavras e expressões grifadas neste livro encontram-se elucidadas em glossário na parte final da presente obra (nota da editora).

preender as Leis que regem o Universo, sob as quais se encontra no processo evolutivo.

A grande tarefa de Jesus Cristo na Terra foi a de romper a cortina do <u>obscurantismo</u> e oferecer o sentido feliz de cada existência.

Espírito perfeito, que havia superado ao longo dos tempos os Seus obstáculos, Ele veio demonstrar que é possível viver a razão existencial da reencarnação conforme estabelecido.

Apresentando as duas faces da vida, a física e a espiritual, ofereceu o tesouro do entendimento da expressão orgânica, ou material, e da energética, ou espiritual.

Nos seus passos, enquanto todos <u>anelavam</u> pelos prazeres que se derivam do organismo físico, demonstrava que era no Espírito que se encontrava a fonte do ser para penetrada, a fim de ensejar-se a verdadeira alegria, aquela que não se transforma em tragédia ou infâmia.

Todo o Seu Evangelho é, pois, um vigoroso convite à obediência às regras universais mediante a prática do bem, a básica.

A Sua existência demonstra como os hábitos mentais favorecem a vida orgânica com respostas equivalentes.

Nada Lhe constituiu obstáculo ou impedimento que deveriam culminar nas páginas truculentas e perversas da crucificação.

É nesse capítulo que mais se <u>agranda</u> a Sua Mensagem de amor e abnegação.

Logo depois, vencendo o período referente ao corpo, deu início ao de permanência energética a partir da Ressurreição e suas realizações espirituais.

*Embora não compreendido, então, cumpriu o ministério espiritual de forma irrepreensível, deixando advertência para o compromisso espiritual a seguir.*

– Buscai primeiro o Reino de Deus – *advertiu* –, e tudo mais vos será acrescentado.

*Estava terminado o ministério da Sua vinda.*

※

As páginas que se vão ler são retalhos dessa especial existência como roteiro único de plenitude.

Buscando-se primeiro alcançar o Reino de Deus e a Sua Justiça, tudo quanto é complementar é concedido naturalmente.

A nossa amiga e benfeitora Amélia Rodrigues oferece-nos o conjunto da sua obra psicografada sobre Jesus e o Evangelho, a fim de auxiliar o seu próximo a encontrar o caminho do Reino e, de acordo com o que com ela mesmo ocorreu, percorrer as estações que Ele viveu na condição de Mestre e Amigo amoroso.

Solicitou-nos um prefácio para esta obra, e lhe atendemos, o que nos enriquece de alegria e gratidão a servidora cristã.

*Joanna de Ângelis*

*Salvador, 19 de fevereiro de 2024.*

# 1

# QUANDO ELE CHEGOU

Aqueles eram dias tormentosos, a estes semelhantes. O monstro da guerra devorava as nações, que se transformavam em amontoados de cadáveres e pasto de devastação, enquanto a loucura do poder temporal escravizava as vidas nas malhas fortes da sua dominação impiedosa.

O ser humano valia menos do que uma <u>animália</u>, como ocorre hoje, quando o denominam como *excluído*, tombando na exaustão da miséria.

Os vencedores alucinados exultavam nos cárceres internos que os enlouqueciam, quando passeavam a sua hediondez nos carros do triunfo <u>aureolados</u> de folhas de <u>mirto</u> ou de <u>loureiro</u>.

O medo <u>aparvalhava</u> os já infelizes atirados ao deserto dos sentimentos indiferentes daqueles que os devoravam como abutres.

A esperança vivia asfixiada no desprezo, sem oportunidade de expandir-se nos países submetidos.

Nada obstante, reinava um fio de expectativa em a noite de dores inenarráveis.

As agonias extremas abateram-se sobre Israel por longos séculos de horror e desespero.

Mas o fio de esperança era a expectativa da chegada do Messias, vingador e poderoso, como os algozes de então, anunciado pelos profetas antigos e descrito por Isaías há quase 700 anos...

Ele seria poderoso e arrancaria o jugo hediondo de sobre o seu povo, concedendo-lhe benesses e glórias.

Enquanto isso, predominavam a opressão dos que tombaram sob as legiões voluptuosas do Império Romano desde a vitória de Pompeu e todos os males que dela advieram...

Um estrangeiro execrando, mais cruel do que o romano, dominava o país ultrajado e vergado pela vergonha do asmoneu insano, que beijava as mãos de César, adornava-as de ouro e púrpura arrancados do suor e do sangue do povo que submetia.

Os impostos roubavam o alento e o parco pão dos desvalidos, enquanto o desconforto cantava em toda parte a litania da miséria e da servidão.

Aumentava a mole dos desventurados que abarrotavam as cidades, enquanto os campos ficavam ao abandono.

Tudo era escasso, especialmente o amor, que fugira envergonhado dos corações, enquanto a compaixão e a misericórdia ocultavam-se dos espoliados e indigentes.

A ingênua alegria das massas fugira dos seus corações, que passaram a homiziar o ressentimento e o crime, a degradação e as paixões vis, a serviço das intrigas intérminas e das lutas vergonhosas.

Os <u>potentados</u>, especialmente os fariseus, os saduceus e os cobradores de impostos, todos odiados também, detestavam-se uns aos outros, enquanto eram, por sua vez, desprezados...

A vil política de Jerusalém estendera-se por todo o território israelense e ninguém escapava à sua <u>inclemente</u> perseguição.

A própria Natureza, naqueles dias, sofria a inclemência dos dias quentes e das noites mornas, sem a suave brisa cantante que carreava o perfume das rosas e das flores silvestres.

A fria Judeia era amada em razão do seu fabuloso Templo, ornado de ouro e de gemas preciosas, mas também odiada pela governança insensível que lhe aumentara o poder.

Os chacais que a administravam espoliavam a ignorância e as superstições do povo humilhado que ali buscava consolação.

※

Ele crescera no deserto e robustecera o caráter na aridez e ardência da região sem vida e sem beleza.

Mergulhara o pensamento no abismo das reflexões, por anos a fio, buscando entender o objetivo primordial da existência, Deus e Sua Justiça, diferente de tudo aquilo que havia ouvido dos sacerdotes indignos.

As noites estreladas e frias refrescaram-lhe a alma, que ardia em febre de expectativas pela chegada do Rei libertador de consciências e de sentimentos.

Ele sabia, sem saber como, que fora designado, mesmo antes do berço, para anunciar o Messias, e por essa razão, no momento próprio, transferiu-se para o vau da *Casa da Passagem*, no Rio Jordão, a fim de anunciá-lO.

A sua era uma voz tonitruante, e o seu um aspecto chocante, mesmo para os padrões daqueles dias especiais. Os seus olhos brilhavam como lanternas acesas quando ele falava sobre o *Ungido de Deus*.

Afirmava que Ele já se encontrava entre todos e seguia desconhecido. Também asseverava que Ele viria fazer justiça, punir os réprobos morais, submeter os insubmissos, vingar-se do abandono a que fora relegado pelos tempos longos.

As multidões que se reuniam na praia fresca do rio fascinavam-se por temor, por necessidade de um Salvador.

Elucidava que Ele era tão grande, o Triunfador, a quem servia, que *não era digno sequer de amarrar os cordéis das Suas sandálias*.

E batizava, lavando simbolicamente as misérias do homem comprometido, a fim de que ressurgisse o novo ser aureolado de bênçãos.

Não conhecia ainda o Messias, mas adivinhava-O.

Inesperadamente, em formosa manhã, no meio da multidão Ele surgiu, aproximou-se, e os seus olhos detiveram-se uns nos outros, então ele exclamou, tomado de lágrimas e sorrisos: – *Este é o Cordeiro de Deus, que tira o pecado do mundo!*

Como Ele era belo e manso, suave e meigo, discreto e amoroso!

Aquele Homem-sol curvou-se diante dele e disse-lhe: – *Cumpri as profecias...*

Estranho tremor tomou-lhe todo o corpo <u>austero</u> e pensou como seria possível ao servo permanecer ereto enquanto o Rei se dobrava com sublime humildade.

Era seu primo, e não O conhecia; era seu Mentor, e ele O serviria...

A partir daquele momento <u>inolvidável</u>, o seu verbo amaciou, a sua voz passou a cantar, a sua vida se modificou.

Antes de morrer, inquieto e <u>expectante</u>, enviou-Lhe dois discípulos, a fim de que tivesse a confirmação de ser Ele o Messias.

Desejava retornar à Pátria em paz e segurança.

Na terrível noite da fortaleza de Macaeros ou Maqueronte, na Pereia, após o longo cativeiro de meses, a sua voz foi silenciada pela espada do <u>sicário</u> Herodes Antipas, por solicitação de Salomé, filha da sua mulher ambiciosa e atormentada...

※

Na madrugada espiritual que passou a vestir Israel de luz, o canto de amor começou a ecoar desde as praias do Mar da Galileia até a tórrida Judeia; dos contrafortes do Monte Galaad, da Cadeia de Golan até a longínqua região do Aravá, o vale que se estende além do Mar Morto por toda parte.

As multidões que acorriam para vê-lO, para ouvi-lO, eram mais ou menos iguais às de hoje, ansiosas e sofredoras, <u>inebriando-se</u> com a melodia rica de beleza, de suavidade, de esperança.

As *ráfagas*, ora brandas, da alegria penetravam os casebres e os bordéis, as <u>sinagogas</u> e as ruas, diminuindo a aspereza do sofrimento.

Os corpos em decomposição refaziam-se ao delicado toque das Suas mãos, enquanto os olhos apagados recuperavam a clara luz da visão, os ouvidos <u>moucos</u> abriam-se aos sons e a Natureza explodia em festa de perfume e de <u>estesia</u>.

Por onde Jesus passava, nada permanecia como antes.

O Messias do Amor chegara sem exércitos, sem clarins anunciadores, sem forças de impiedade, por isso não foi bem recebido pela ímpia Judeia, pelos iludidos do mentiroso poder temporal.

Seu incomparável canto ainda prossegue, há dois mil anos incessantes, convidando com <u>invulgar</u> ternura:
– *Vinde a mim, e eu vos consolarei...*

Incompreendido ainda hoje, submetido às <u>nefárias</u> paixões dos séculos, imposto a ferro e a fogo no passado, deixado ao abandono, jamais se apagou da memória da Humanidade, que sempre o tem necessitado.

E hoje, como naqueles dias de turbulências e de incompreensões, de poder mentiroso e arrogância doentia, a Sua música prossegue e é ouvida somente por aqueles que silenciam o tormento, deleitando-se com o Seu convite e declaração graves: – *É leve o meu fardo e suave o meu jugo. Vinde!*

Ele veio como uma primavera de bênçãos para sempre e aguarda!

## 2

# ALVÍSSARAS DE ALEGRIAS

Os costumes promíscuos, fruto das guerras e dos ódios incessantes, geraram o <u>desvario</u> das massas. Sem qualquer apoio ou perspectiva de melhorias, o povo, consumido pelo desespero, estava mergulhado na treva, e não mais vivia, apenas sobrevivendo cada dia, cada hora, sem projeto algum para o futuro.

De um lado, a falsa religiosidade, preocupada mais com a aparência do que com o profundo conteúdo espiritual, caracterizava-se pelo formalismo <u>pusilânime</u>, enquanto as necessidades asfixiantes do povo armavam-no de ódio e de ferocidade.

Do outro, os infelizes, cansados das injustiças, que já haviam criado no passado o partido dos <u>zelotes</u>, daqueles que buscavam preservar os códigos ancestrais violentados pelos romanos, agora abriam uma ala, para os que desejavam <u>desforço</u>, cometendo hediondos crimes, mesmo à luz do dia, contra os seus contemporâneos infiéis...

Israel encontrava-se desestruturado, contorcendo-se entre as garras férreas da águia romana, a <u>sordidez</u> dos seus governantes <u>ignóbeis</u> e a indiferença dos poderosos que adquiriam direito à comodidade a peso de ouro.

As pessoas, antes sonhadoras e gentis, que aguardavam o Messias transformaram-se na multidão aturdida e desenfreada nas suas paixões, que se atiravam sobre o <u>espólio</u> das gerações vencidas.

Apesar de tudo, pairava uma <u>psicosfera</u> de ternura, como ligeira brisa que carreasse aromas suaves e leve expectativa de alegria no ar.

Sem saberem compreender o que sucedia, muitos infelizes ainda confiavam em Deus, e humildes trabalhadores honravam os seus deveres.

Ocorre que a Terra estava sob as <u>tênues</u> claridades do Céu, que anunciavam a eliminação das sombras.

Sempre surgiam sonhadores que afirmavam a chegada do Justiceiro e se armavam, sendo logo vencidos, dizimados, sem qualquer compaixão pelos dominadores.

Naqueles dias, subitamente as aragens da esperança começaram a cantar nos corações expectantes.

Ninguém sabia exatamente o que estava acontecendo. No entanto, desde o momento quando o *Batista* anunciou que aquela era a hora do arrependimento e da renovação, algo realmente começou a suceder.

Desde as terras de Betfagé, às margens frescas do Jordão, e dali à aridez do deserto e ao Mar Morto, visitando as pradarias e ultrapassando as montanhas, alguma ocorrência especial alterava a paisagem humana...

Roma estava acostumada àquele povo tumultuado e rebelde, teimoso e <u>bulhento</u>, silenciando as suas contínuas revoltas com banhos de sangue...

※

Na Galileia singela, as <u>labutas</u> do mar sofreram modificação desde quando Ele abriu a Sua boca e clareou a noite das almas com o verbo de luz.

Ele era simples e puro como o lírio do campo, e despido de <u>atavios</u> como uma espada nua.

Quem O visse e O ouvisse não conseguiria ser mais o mesmo ou olvidar aquele momento, aguardando os longes tempos para O entender e O seguir, caso não dispusesse de resistências morais para fazê-lo a partir daquele instante.

A Sua palavra penetrava o <u>cerne</u> do ser como o perfume do nardo que impregna a superfície que acaricia.

Era natural que, onde aparecesse, a <u>patética</u> do sofrimento também se apresentasse.

Sucediam-se como ondas <u>eriçadas</u> pelo vento as multidões que desejavam o Seu contato, o Seu benefício, a <u>dúlcida</u> carícia do Seu terno olhar, que diminuía o fogo das aflições.

Preocupados com o corpo, nem sempre O ouviam realmente, anelando apenas por escutar a interrogação:
– *Que quereis que eu vos faça?*

Ele não viera exatamente para ser remendão de corpos despedaçados, mas fazia-se necessário que O vissem agir em nome de Deus, que recuperasse aquelas formas orgânicas que iriam perecer depois, a fim de que tivessem despertada a fé na imortalidade.

Bem poucos desejavam realmente receber o *pão da vida* e a *água que <u>dessedenta</u> para sempre*, embriagando-se na perene luz do conhecimento, que é o suporte vigoroso para a fé inabalável.

Mas a Sua fama crescia na razão direta dos Seus feitos, da Sua incomparável bondade, da Sua compaixão.

Ninguém jamais amara daquela maneira, falara com aquele tom de voz, convivera com os deserdados do mundo com a mesma naturalidade...

Os fariseus souberam que Ele silenciara os saduceus e, tomados de cólera, que é o recurso dos pigmeus morais diante dos gigantes espirituais, buscaram-nO, e um sacerdote pusilânime, para O tentar, perguntou-Lhe:

— *Qual o mandamento maior, aquele que devemos seguir?*

A luz penetrante dos Seus olhos desnudou o <u>hipócrita</u>, enquanto docemente respondeu:

— *Amareis o Senhor vosso Deus de todo o vosso coração, de toda a vossa alma, acima de todas as coisas.*

O atormentado fariseu, com sentimentos corroídos pela inveja, redarguiu:

— *Isto sabemos nós. Como, porém, amar ao que não se vê, não se compreende, não se sente?*

Num relampaguear de emoção, Ele aduziu:

— *Amando ao próximo como a vós mesmos, assim sintetizando toda a Lei e todos os profetas.*

O <u>soez</u> inquiridor, porém, não queria a verdade, mas a discussão inútil com o sarcasmo no qual era mestre.

Voltou, então, a interrogar:

— *Que é amar ao próximo? Como fazê-lo, sendo ele um estranho?*

Houve um silêncio profundo, prenunciador da sinfonia da gentileza:

– *O próximo* – esclareceu com ternura – *são todos os seres humanos, filhos do Único Pai, sem distinção de classe ou de cor, de credo ou de raça.*

*Ante a impossibilidade de amar-se ao Pai, que transcende a qualquer entendimento, respeitar-Lhe os filhos que Lhe conduzem a herança e caminham ao nosso lado.*

*Amá-lo implica considerá-lo irmão, compreendendo-lhe as necessidades e buscando supri-las, dispensando-lhe carinho e tolerância, e fazendo-lhe tudo quanto gostaria de receber de outrem.*

*Quando o amor se exterioriza do coração, o Pai alberga ambos, aquele que ama e aqueloutro que lhe frui o afeto, na Sua incomparável alegria.*

*O amor ergue quando o outro tomba, compadece-se quando defronta o erro, acompanha o solitário, ajudando-o, e enriquece de ternura todos aqueles que abraça, por maior que seja a carência que os devasta.*

*No amor ao próximo, que é o Eu no outro, a vida <u>estua</u> e a paz repousa no coração.*

*Não é necessário ver para amar, bastando compreender que ninguém jamais se realiza a sós, nem se completa se não der um sentido de solidariedade à existência...*

Doces melodias e vozes inarticuladas cantavam na pauta grandiosa da Natureza.

Logo após, completou:

– *Então, não existirão inimigos, porque todos aqueles que se comprazerem nessa infeliz condição serão também amados.*

⁂

As <u>alvíssaras</u> de luz e alegrias do Reino dos Céus rompiam a noite dos tempos de então para todos os tempos do futuro.

# 3

# DESAFIOS À FÉ

Aqueles eram tempos diferentes de outros que aconteceram no passado.

A psicosfera reinante era semelhante a um campo de batalha transformado em jardim, no qual a primavera sorria flores nos terrenos antes áridos e espalhava perfume no ar.

Jesus estava com eles, mas eles ainda não O conheciam, não tinham sequer dimensão do significado, da oportunidade grandiosa que fruíam.

Eram homens simples, acostumados à labuta do mar e às demais profissões a que se aferravam.

As suas aspirações não diferiam das que pertenceram aos seus pais: quem era pescador, de pescador descendia e para o filho aspirava à mesma profissão, assim por diante...

De Betsaida – ou *Casa da Pesca* –, assim como de Cafarnaum, vieram alguns deles, cujo ofício era atirar as redes ao mar, e agora deveriam estirá-las no imenso oceano da Humanidade, a fim de colherem mulheres e homens para o Reino dos Céus, que eles tampouco tinham ideia do que se tratava.

É certo, isto, sem dúvida, que amavam aquele admirável Rabi, que os convocara sorrindo e cantando uma suave-doce melodia a que não se encontravam acostumados.

Nunca haviam escutado uma voz igual, nem uma convivência como aquelas.

Alguns não se conheciam até o momento quando foram convocados, embora outros fossem amigos e companheiros de faina diária. No entanto, formavam um grupo gentil, afetuoso, com algumas dificuldades no relacionamento, como seria de esperar-se.

Enquanto Ele falava e convivia ao lado deles, estranha paz e comovente bem-estar vestia-os de alegria e a vida não os afligia.

Mas os seus horizontes de pensamento e de conduta eram semelhantes àqueles geográficos: o mar, as montanhas do outro lado na Decápole, as praias, as pequenas contendas do comércio, as preocupações domésticas em torno do pão e do peixe de cada dia...

Repentinamente tudo se modificou.

Ouvindo-O, passaram a anelar por amplidão, pelos complexos acontecimentos que iam além da sua região, pelos infelizes de que agora se davam conta. Sempre existiram, mas, acostumados à sua miséria, nunca os perceberam, entendendo a extensão do seu drama, das suas necessidades e, acima de tudo, de que eram seus irmãos.

Alguns eram mais ou menos compadecidos e até ajudavam este ou aquele, mas agora, em a nova ordem, eles passaram a ter importância, adquiriam significado, porque o seu Mestre os elegera, convivia com eles, dialogava, ensinava-os a viver, a erguer-se do estado <u>abjeto</u> com a simples mudança de pensamento, de como encarar a existência e de sobrepor-se ao desespero.

Sem dúvida, tratava-se de uma revolução diferente, especial, na qual a <u>ralé</u> adquiria cidadania, sem qualquer desprezo pelos opulentos e extravagantes que, uma ou outra vez, também se acercavam d'Ele, curiosos ou zombeteiros, interessados ou <u>mesquinhos</u>, mas que eram tratados com gentileza.

A Canção de Amor e o seu Cantor passaram a ecoar pela região do mar, depois alcançaram os montes, as outras <u>tetrarquias</u>, e de todo lugar possível buscavam-nO para uma ou outra necessidade.

E Ele cada vez se fazia mais belo, mais sábio, mais misericordioso, mais difícil de ser entendido no que dizia.

※

Quase sempre, nos grupos sociais, os indivíduos fecham-se, parecendo temer a invasão de estranhos que lhes possam perturbar os hábitos e as ambições.

Aquele grupo que Ele conduzia não era diferente. Tratava-se de criaturas humanas com as suas grandezas, mas também com as suas limitações, para não dizer misérias morais... Eram homens simples, embora Espíritos preparados, momentaneamente envoltos na ignorância...

À medida que se faziam mais conhecidos, não podiam dominar os velhos hábitos das censuras, dos ressentimentos, das invejas, das pequenezes espirituais por onde haviam transitado.

Discutiam por coisas nenhumas, disputavam a ternura do Amigo, sem saber como fazê-lo; censuravam-se reciprocamente e invejavam-se uns aos outros, cada qual se acreditando merecedor de atenção, de cuidados, que eram dispensados a João, o jovem *Filho do Trovão*, e a Pedro, em cujo lar Ele se hospedava, quando se encontrava na região.

Sem que se apercebessem, dividiram-se emocionalmente, embora juntos fisicamente.

– *Por que será que João parece o preferido?* – indagava Judas.

– *Que tem Pedro que nós outros não possuímos?* – perguntava Tomé na sua austeridade.

– *Não temos sido todos leais e atentos?* – inquiria Bartolomeu...

...E discutiam, apontavam imperfeições nos outros...

A situação tornou-se mais difícil, quando uma antiga equivocada passou a comparecer às inesquecíveis reuniões dos entardeceres de luz no lago, nas <u>cercanias</u> das cidades...

– *Não era ela uma mulher condenada? Como conviver com alguém que deveria, segundo a severa lei, ser punida pelos hediondos comportamentos que se permitira?*

*Era tão atrevida* – diziam a meia-voz – *que se encorajara a adentrar-se na casa de Simão e noutro lar banhara os pés do Mestre com perfumes e lágrimas, enquanto os enxugava com os próprios cabelos!*

*Por que o Mestre a aceitara entre eles e até lhe tolerava a presença em momentos que somente eles, os homens, estavam reunidos?*

A situação complicava-se à medida que o tempo transcorria na <u>ampulheta</u> dos momentos.

Aconteceu num dia em que vinham excitados pelo caminho ao encontro de Jesus.

Estavam algo exaltados, irritados, de mau humor.

O doce olhar do Amigo sereno desceu sobre eles com imensa ternura, desnudando-os, e sentiram-se constrangidos, enquanto a Sua terna voz interrogou-os:

– *Que vínheis discutindo pelo caminho?*

Envergonharam-se das mesquinhezes e mais ainda quando Ele lhes disse:

– *...E quem desejar ser o maior, que se faça o servo do menor...*

Estavam desmascarados. O Amigo conhecia-os, sim, e apesar disso os amava.

Ele, então, prosseguiu explicando:

– *Não é difícil ser grande no Reino de meu Pai, bastando somente ser o maior servidor e o melhor amigo em Seu nome. Apagando-se no anonimato do bem, adquire-se o requisito para ter o nome escrito no livro dos Céus.*

*Todo aquele que se exalta já goza da vaidade e da ilusão, tornando-se humilhado depois, quando contemplar na glória aquele que foi desconsiderado.*

*Quem anela pelo* planalto *deve caminhar com segurança pela planície. A conquista da paz interior é realizada mediante a compreensão do próximo, das suas dificuldades e desvios... Ele não pede para ser julgado, censurado, mas suplica ocasião de ser esclarecido e amparado.*

*Todos aqueles que se encontram bem já ultrapassaram o vale do desconforto e da aflição, estando em condições de amparar quem ainda caminha na sombra da ignorância.*

*Na construção da verdadeira amizade, é indispensável que se pense nos irmãos esquecidos na retaguarda, a fim de que a sementeira de bondade assinale os esforços de iluminação.*

*O próximo, portanto, começa entre aqueles que estão mais perto um do outro, a fim de ser encontrado a distância na estrada do abandono...*

*Eu vos convido para que aprendais a servir e nunca a <u>fruir</u> na Terra; a socorrer ao invés dos procedimentos julgadores que apresentam as culpas alheias.*

*Quem vem a mim necessita de acesso à paz, e eu sou a porta das ovelhas.*

*Estai atentos, pois que são muitos aqueles que aspiram à ternura com as mãos transformadas em <u>cardos ferintes</u>.*

*Desse modo, se não fordes capazes de amar-vos uns aos outros num pequeno círculo de corações, como podereis estender o <u>primado</u> da misericórdia por toda a Terra?*

Fez-se um natural silêncio.

A sua cantilena de bondade apresentava notas de melancolia e de <u>júbilo</u>, de modo que não se sentissem repreendidos, mas orientados.

Adestrando-os na legítima fraternidade, Jesus preparava-os para os testemunhos do <u>porvir</u> que não seriam evitados.

# 4

# A VERDADEIRA CURA

Foram longos os dias de expectativa e de aflição. Viajando à noite e repousando nos períodos ensolarados, a fim de diminuir as dores das ulcerações e da fraqueza orgânica, ele chegara a Cafarnaum e misturara-se à multidão.

As marcas iniludíveis da <u>lepra</u> faziam-no enxotado como um cão desprezível para distante, impedindo-o de acercar-se do Galileu.

Ouvira d'Ele falar na distante Sídon, quando a Sua fama por lá chegou.

Narrativas estranhas e inacreditáveis referiam-se aos Seus feitos como nenhum profeta antes jamais conseguira.

Afirmava-se que Ele era a luz que penetrava na escuridão e vencia toda a treva; que Suas mãos tocavam a paralisia e desatrelava os membros mortos, restituindo-lhes os movimentos; que o som da Sua voz adentrava-se pelos ouvidos moucos e rompiam-lhe o silêncio atroz; que repreendia os demônios e eles fugiam gritando de dor e de medo; que lavava toda a podridão do corpo e restituía-lhe a saúde...

Certamente, pensava, Ele somente o fazia aos *filhos de David* das antigas tradições.

Ele era estrangeiro e não conhecia muito a legislação de David, mas sentia-se *filho de Deus*, embora não soubesse o Seu nome ou quem era...

Recordava-se da primeira despigmentação, da mancha arroxeada no pescoço, da borda eriçada em pontos pequeninos. Depois, foram as sensações atordoantes do cansaço, das dores nos membros inferiores e superiores, das dificuldades para quaisquer movimentos e logo das primeiras feridas purulentas e nauseabundas...

Ainda mantinha na memória quando a própria mulher, num momento de ira, chamou-o de leproso e a sua voz propagou-se por toda a aldeia, que, sem piedade, correu à sua porta e apedrejou-o sem nenhuma consideração, expulsando-o da convivência social.

Os filhos dele fugiram, e os amigos amaldiçoaram-no.

Ele próprio pensou em matar-se, fugindo, porém, inicialmente de todo lugar onde fosse visto e seviciado.

Todos o odiavam, mas ele desejava viver, embora quase morto e em decomposição.

Encetara a longa viagem sem esperança de alcançar o Profeta.

Pelos difíceis caminhos experimentara sofrimentos, perseguições inomináveis, mas não desistiu. Sentia-se impulsionado a prosseguir e confiava no Enviado.

A linguagem do coração falava-lhe de venturas jamais vividas e de alegrias íntimas que lhe inundariam o ser, caso ele chegasse em tempo de ser socorrido.

Era um entardecer de fogo em tonalidades variadas.

Um vento morno soprava aplaudido pelas ondas, arrebentando-se nas praias de seixos miúdos.

Ele estava a regular distância por trás de um sicômoro.

O odor do corpo era-lhe quase insuportável, e ele tremia sob a ação da febre...

À medida que os minutos se sucediam, foram-se aglomerando as pessoas diante de uma barca ampla cravada na areia.

Repentinamente Ele surgiu, não saberia dizer como alcançara a embarcação.

As suas vestes, em tonalidade cinza-escuro, balouçavam ao sopro do ar quente. Os longos cabelos, que se misturavam à barba no peito, eram ondulados e esvoaçavam. Os seus olhos, porém, pareciam duas luzes brilhantes que passeavam sobre a multidão.

Automaticamente ele ajoelhou-se e queria cerrar as pálpebras sobre as vistas sem melhor luminosidade, mas não desejou perder a beleza daquele Ser que parecia sobrepairar acima de todos.

Um silêncio grandioso, quebrado somente pelas *vozes da Natureza*, era o prelúdio da sinfonia que Sua voz doce e forte iniciava:

– *Eu vos trago Boas-novas de alegria!*

Houve um frêmito forte, e as pessoas acercaram-se mais, sedentas de carícias e ansiosas por absorverem todas as palavras.

Assim também ele o fez. Saiu do esconderijo e aproximou-se da multidão, esquecendo-se da própria desdita.

As crianças que choravam silenciaram o pranto, os endemoniados calaram-se miraculosamente e todos eram ouvidos e olhos n'Ele cravados.

Ele distendeu os braços e pareceu envolver toda a massa que atraiu ao Seu seio.

– *O Pai enviou-me, a fim de que desperteis do letargo, da indiferença, do sofrimento e vindes a mim, pois eu vos reunirei num rebanho e vos guardarei com a minha vigilância.*

As lágrimas que antes haviam secado nos seus olhos fluíram suavemente e escorreram pelas vistas cansadas e abertas em chagas vivas, refrescando-as.

A noite esplendorosa, com estrelas cintilando ao longe e o luar derramando-se sobre a Terra, era um espetáculo de beleza de que não se recordava de antes haver percebido.

– *Não temais os maus nem os vossos males!* – exclamou, como se fosse um clarim mágico, tocado ao longe. – *Eu vos tenho no coração e vos alivio todas as dores.*

*Amai, porque essa é a chave para decifrar todos os enigmas, resolver todos os problemas, e nunca revideis ao mal com outro mal, perdoando o agressor, pois ele é infeliz e não sabe.*

*A verdadeira felicidade consiste em amar, olvidando os ressentimentos e as paixões inferiores. Quem ama encontra um tesouro e nunca mais é o mesmo, pois que se torna rico. Portanto, digo-vos que tenho piedade daqueles que riem das misérias alheias e locupletam-se com as parcas moedas das viúvas e dos pobres, porque padecerão fome e alucinação. Felizes aqueles que, por enquanto, choram e recuperam-se perante as Leis de meu Pai, porque se liberam das cargas dos crimes.*

*O único sentido da vida física é a luta para a conquista do amor que produz harmonia e abençoa o mundo com a paz.*

*Não vos canseis de amar, mesmo quando desamados e perseguidos, porque eles, os perversos, não sabem o que fazem.*

*Eu vim para que todos tenhais alegria no coração e saúde para o bem viver.*

Novamente houve o silêncio, quando uma voz chorosa quebrou a harmonia:

– *Jesus, Filho de David, tende piedade de mim, que sou amaldiçoado pela lepra...*

Houve um movimento instintivo da multidão, abrindo passagem, e um homem recurvado sobre um bordão, trêmulo, aproximou-se d'Ele.

Todos o olharam ansiosos, com dúvidas.

Ele abraçou o infeliz e disse-lhe:

– *Ficai bem. Eu vos quero em nome de meu Pai.*

Diante dos nossos olhos, e podíamos ver as carnes fremirem, ergueu o desgraçado e mandou que se fosse.

Estava curado!

Houve gritos, exclamações, júbilos, aleluias!

E Ele continuou atendendo os desditados que se acercaram.

O enfermo de Sídon estava petrificado.

Não saberia dizer como tudo agora ocorria, porque Ele aproximou-se-lhe e indagou-lhe com a ternura de um amigo:

— *Que quereis que eu vos faça?* — interrogou-o, afavelmente.

Quase sem fôlego, ele respondeu:
— *Que eu tenha paz!*

Esquecera-se da lepra e desejava aquela harmonia que d'Ele exalava. Naquele momento não teve medo de morrer nem de viver.

Jesus sorriu com gentileza e disse-lhe:
— *Ficai bom. Eu o quero também...*

Todo ele tremeu, quase numa convulsão.

Todos os músculos movimentaram-se e uma sudorese abundante lavou-lhe o corpo enfraquecido e em putrefação. De repente sentiu que o anjo da saúde tomou-lhe todas as fibras e a lepra desapareceu-lhe.

Quis agradecer-Lhe, dizer palavras não dizíveis, mas não lhe chegavam à boca aberta pela surpresa imensa.

— *Eu vos conheço desde ontem...* — Ele arrematou, afirmando: — *Segui em paz, que é a bênção do Pai no coração daqueles que O amam, e nunca mais vos esqueças de amar...*

※

Ele voltou a Sídon, a bela cidade fenícia às margens do Mar Mediterrâneo, e numa aldeia criou um albergue para os portadores da hanseníase em homenagem Àquele que lhe concedeu paz.

E jamais esqueceu a frase: — *Eu vos conheço desde ontem.*

Não somente se houvera curado da lepra externa, mas daquela interior, que é a matriz de onde se origina e devasta o corpo.

Muitos se haviam curado, recuperado a aparência que a morte consumiu depois, enquanto ele houvera adquirido a cura real, a do Espírito necessitado de harmonia.

A busca pela plenitude constitui o fator essencial da reencarnação que deve <u>emular</u> o Espírito no seu aprimoramento interior.

Quando há uma perfeita sintonia entre o a que se aspira e se realiza, facilmente a existência atinge a sua meta.

## 5

# JÚBILOS IMORREDOUROS

As estações sucediam-se no tempo.
Certamente eram iguais a todas as outras do passado, não, porém, exatamente iguais, porque, naquele momento, Ele estava na Terra construindo o Reino do Amor.

Os outonos tornaram-se amenos após os invernos rigorosos, prenúncio de primaveras de flores abundantes e ventos perfumados, que culminavam em verões ardentes, sempre perpassados pelas brisas suaves do Mar da Galileia.

Aquelas gentes, acostumadas às fainas da submissão e do desconforto, assinaladas pela tristeza e desencanto, agora sorriam, pois que a grande maioria havia-O conhecido, e Ele inundava-os de esperança e alento.

Ninguém pode viver bem sem a presença dinâmica do bem-estar interior apoiado na esperança de melhores dias.

Os usurpadores do poder, os hipócritas profissionais da religião, os <u>corifeus</u> dos ricos e poderosos tentavam ignorá-lO, mas a indiferença do princípio foi-se tornando curiosidade que logo explodiu em ira e desprezo por Ele, em razão de não se sentirem privilegiados pelo seu destaque.

Na principesca mansão de Cusa, o legado de César, o luxo e a <u>soberba</u> que se instalaram, repetindo as extravagâncias de Roma, foram cedendo lugar à naturalidade e à bondade de Joana, sua mulher, que se Lhe fizera discípula, enfrentando as barreiras sociais e os prejuízos da <u>maledicência</u>.

Lívia Lêntulo, esposa do senador Públio Lêntulo, também não se deixara intimidar pela prepotência do marido e dos amigos <u>soberbos</u> e, sempre acompanhada pela serva de eleição, visitava-O, participava dos festivais da Mensagem, escutava-O.

A ternura d'Ele penetrara-as e elas tornaram-se discreto sustentáculo do ministério material, transformando-se em exemplos da nobreza do amor sem limites em relação aos escravos, aos servos e a todas as demais criaturas.

O antigo notário Mateus Levi, que fora convidado por Ele para o audacioso plano da revolução em nome da Verdade, seguia-O deslumbrado por onde quer que Ele fosse, enquanto os demais invitados para o grupo que se faria apostólico passaram a ser agredidos pelos pigmeus sociais e <u>fâmulos</u> dos ricos, mas também, por outro lado, respeitados pelos infortunados, aqueles que haviam perdido tudo, menos o direito de viver...

Iniciada a revolução do amor e da misericórdia, nunca mais desapareceriam os fiéis lutadores, nem deixariam de existir os combatentes devotados.

Suceder-se-iam na história do tempo, à semelhança das plantas que, após enflorescerem, desaparecem no bulbo sob a terra, para voltarem a renascer em beleza e perfume logo as condições climatéricas tornem-se-lhes favoráveis.

Os ínvios caminhos e as aldeias distantes conheceram o contato dos Seus e dos pés daqueles que O seguiam, e as pegadas que guardaram transformaram-se em setas de luz apontando o rumo do futuro na escuridão dos tempos...

Sucedeu em um doce entardecer de *nisã*, quando Ele falava a respeito da fraternidade entre todos os homens, que alguém começou a gritar o Seu nome e a pedir misericórdia para a sua paralisia.

As pessoas reclamavam do perturbador, que, por fim, foi conduzido até Ele.

O enfermo declarava ter fé na Sua força e pedia-Lhe que o curasse.

Jesus olhou-o profundamente e um véu de tristeza cobriu-Lhe a face.

– *Curai-me, Senhor!* – suplicava o infeliz.

O Mestre mergulhou os olhos tranquilos nos seus inquietos olhos e disse, com melancolia:

– *Permanecei como estais, Zacarias ben Azarias. Vós elegestes esta situação, a fim de tentardes o Vosso Senhor. Voltai e dizei a quem vos enviou que a vossa vontade foi feita. Fingis paralisia para desnortear-me, e eu vos concedo a realidade dela, a fim de que melhor avalieis a própria alucinação...*

Desejando erguer-se, após a farsa desmascarada, o charlatão não conseguiu, porque estava imobilizado. Ele viera a mandado de alguns fariseus que lhe concederam poucas moedas, para expor ao ridículo o Mestre da bondade, e porque assim se portara, foi conduzido quase imobilizado de volta...

Uma onda de revolta e de angústia perpassou pelos presentes.

Doce como um favo de mel, apiedado do ignorante e perverso adversário gratuito, Ele afirmou:

— *Cada um é autor do seu destino. O que se cultiva no coração manifesta-se no corpo e na conduta.*

*Eu, porém, vim para que o mundo seja melhor... E, nada obstante a sentença que Zacarias se impôs, após alguns dias de reflexão e arrependimento, ele voltará aos movimentos, porque o Pai não deseja a morte do pecador, mas, sim, a do pecado. Porém, é indispensável que os sentimentos nobres que dormem no indivíduo despertem e o conduzam para a paz.*

Nesse ínterim, muitos que choravam tiveram as suas lágrimas eliminadas ante o olhar enternecido do Seu Amor.

As criancinhas acercaram-se e muitas mães sofridas buscaram agasalhar-se no afeto que d'Ele se espraiava.

Os júbilos bailavam no ar e permaneceriam para sempre. Mesmo que Ele fosse esquecido por um largo período, aquelas estações dos anos de então nunca mais veriam nada que se Lhe equiparasse.

❦

Tomado de pavor, Zacarias pediu para ser levado aos seus aliciadores, que foram surpreendidos com o acontecimento, ante o qual, de imediato, proclamaram que Ele era feiticeiro e lidava com Satanás, sendo necessário apedrejá-lO.

Mas o enfermo real indagava: – *E agora, que faço? Que podeis fazer vós, que sois fariseus e obedientes à lei?*

Com <u>escárnio</u> maldisfarçado, os agentes da crueldade responderam com <u>acrimônia</u>:

– *Agora o resultado é convosco. Vós que quisestes enfrentar o feiticeiro com o vosso truque astucioso, agora resolvei da melhor maneira a situação que criastes com a vossa maldade...*

E, atirando-lhe algumas moedas, concluíram, como fariam bem mais tarde com Judas:

– *Aí está o soldo que vos propusemos...*

E afastaram-se, confabulando em torno da melhor maneira de entregarem-nO às autoridades por desrespeito às leis.

# 6

# INESQUECÍVEIS LIÇÕES DE VIDA

A notícia correu de boca a ouvido, e todos da aldeia ficaram informados.
Ele retornava de Jerusalém, após haver enviado dois dos Seus discípulos a prepararem as <u>veredas</u> do futuro, e, passando por Betfagé, chegou a Betânia (ou *Casa dos Pobres*, ou *dos Figos*) e hospedou-se na residência de Lázaro e de suas duas irmãs, Maria e Marta.

Algumas vezes Ele ali estivera, pernoitara, convivera com aqueles corações amados, simples e puros como o belo amanhecer diário.

Marta era mais preocupada em proporcionar-Lhe modesto conforto, enquanto Maria permanecia em contemplação, ouvindo-O, absorvendo-Lhe as lições, e Lázaro cuidando dos labores diários para a sustentação familiar.

Betânia ficava, então, a pouco mais de três quilômetros de Jerusalém, da sua parte mais velha, e a estrada era de complicado acesso entre montes e vales, normalmente percorrida pelas ovelhas, que deixavam as suas marcas nas pastagens.

A casinha de pedra calcária, simples e acolhedora, constituía-lhe um refúgio, e na pérgula adornada de rosas-trepadeiras silvestres Ele contemplava a explosão dos astros luminosos no zimbório celeste, mantendo-se em profunda reflexão.

Não, porém, daquela vez.

Informadas de que o Profeta passaria pela aldeia pequena e humilde, as pessoas, desde as primeiras horas do entardecer, acercaram-se da singela construção e a contornaram expectantes.

Preocupada, Marta não sabia como atender aos aldeões não convidados para aquele momento. Entretanto, as notícias sobre Ele eram de domínio público e já não se podia silenciar a voz da esperança nem cobrir a luz com o tecido da ignorância, porque por onde Ele passava permanecia o odor da Sua inefável presença.

Maria exultava e oferecia explicações em torno da Sua sabedoria e do Seu doce encantamento.

Lázaro, reticente, temia a reação farisaica. Ele houvera voltado quase das *sombras da morte* e muitos o tinham na condição de mancomunado com Satanás, sem compreender o poder do Amor daquele Amigo que o arrancara do terrível letargo da catalepsia...

Ainda havia uma longínqua réstia de luz no poente quando Ele alcançou o lar amigo, na parte mais alta da rua abarrotada de curiosos.

Jesus amava as criaturas humanas e compadecia-se das multidões e dos seus sofrimentos.

Em todo lugar o <u>alfanje</u> da aflição ceifava alegrias, e a presença das doenças era o sinal dos males que todos se faziam.

Sem nenhuma afetação, Ele os saudou com os votos de paz e adentrou-se na sala iluminada por lamparinas de azeite e pavio aceso em vasos de barro vermelho.

Repentinamente, alguém gritou de fora da sala:

– *Fala-nos do Reino que viestes fundar na Terra...*

Ele ergueu-se, agradeceu ao Pai em tom de incomum sentimento de afeto e disse:

– *Imaginai alguém que possui muitas joias e braceletes de ouro, prata e adereços valiosos, considerando-se rico, mas ouve falar da existência de uma gema única, que é a mais valiosa do mundo! Logo sentirá a tentação de tudo investir para adquirir aquela que é única, portanto, a mais importante!*

*Pensai em um homem que é proprietário de imensa gleba de terra, mas sem condições de ser cultivada, porque o seu solo é <u>adusto</u> e árido, porém tem em mente que é possuidor de uma grande propriedade. Oportunamente escuta falar de um pequeno terreno, onde o trigo se abre em grãos e produz centenas nascidos em cada um. De imediato, resolve trocar a grande faixa desolada pela fértil fatia de solo onde o verde se doura de espigas balouçantes ao vento.*

*Assim é todo aquele que ouve falar do Reino de Deus, que meu Pai me enviou para o divulgar.*

*De igual maneira, permutai as desvaliosas posses terrenas para adquirir aquela que produz pão e mel...*

*Esse Reino, porém, não tem aparências exteriores, porque se encontra oculto no coração, de onde promanam todas as coisas, tanto boas quanto más.*

*O mundo é rico de tesouros sem valor e que lhes são atribuídos significados destituídos de importância, porque tudo se interrompe com a morte, passando para outras mãos, que também irão ceder a outras mais adiante...*

*As posses, porém, do coração enriquecem para sempre e, aonde quer que se vá, segue-se por elas acompanhado, e mesmo quando advém a morte do corpo, elas continuam na Imortalidade!*

*Do que valem, portanto, os desvarios pelo ter, as alucinações pelo poder, as ambições destrutivas para conseguir-se armazenar o que muda de indivíduos, muitas vezes de retorno para aqueles de quem foram tomadas à força, à traição, à calúnia pelo crime...*

*Somente um coração puro consegue coletar os tesouros do amor e da paz, da alegria e do bem viver, que são as moedas para o ingresso no Reino da Vida sem fim...*

Silenciou por um momento.

Um doce perfume de rosas passeava na brisa do anoitecer, enquanto os astros fulguravam na colcha escura do veludo celeste.

Rompendo a quietude natural, um homem forte, de voz <u>roufenha</u>, solicitou:

— *Vós, que podeis muito e a quem o Pai atendei, pedi-Lhe para que o meu sogro defina a posse da terra em que trabalho, transferindo-a para mim...*

E outro, mais ousado:

— *Imponde ao meu irmão que venha trabalhar comigo no solo que nossos pais nos legaram e que é o sustento de nossas famílias, enquanto me deixou a sós...*

E mais alguém bradou:

— *Ajudai-me a ganhar a causa na justiça pela partilha dos meus bens que estão em demanda...*

Ele sorriu melancólico e indagou, por Sua vez:
– Quem, dentre vós, elegestes-me juiz das vossas causas?! *Não vos acabo de informar que tudo quanto se tem sob controle de poder perece, ficando e nada significando ante a presença do anjo da morte que a todos nos conduz em direção à Vida?*

*Solucionai os vossos problemas sem gerardes agravos, trabalhando pelo bem geral, porque tudo passa, assim também a juventude, a maturidade para recepcionarem a velhice, quando se a pode alcançar, mas ninguém poderá evadir-se da bem-aventurada presença da morte, que a uns liberta e a outros infelicita.*

*O meu Reino é daqueles que se fazem ricos pelo que dão, pelo que cedem, pelo que perdoam, pelo que perdem, pois ganham a paz que nada pode perturbar.*

*Ide em paz e amai a todos, sem vos preocupardes em demasia pelo dia de amanhã, pois que cada um deles tem a sua própria aflição.*

O luar, dominando a noite, iluminava os caminhos para o retorno aos lares dos enganados-enganadores que desejavam a Terra, embora fingissem querer conquistar o Reino dos Céus.

※

Ainda hoje, guardadas as devidas proporções, não são poucos aqueles que buscam no Evangelho as inesquecíveis lições de vida para o prazer momentâneo e o poder enganoso.

Acima, porém, de todas as <u>vicissitudes</u> e grandezas, Ele permanece soberano e amoroso, aguardando a decisão de cada um.

# 7

# O DOCE POETA E O SEU BELO CANTO

Nazaré, a pequenina e quase insignificante, recusara-O.

Os Seus, igualmente, não O quiserem entender.

Ele buscou as terras de "Zebulom e Naftali, caminho do mar, além do Jordão, Galileia dos gentios" para "que se cumprisse o que fora dito por intermédio do profeta Isaías".

Logo as notícias percorreram as estradas, e de Cafarnaum atravessaram o mar, atraindo as dores do mundo para o Seu coração afetuoso.

Todas as doenças e infortúnios desapareciam ao suave toque das Suas mãos, ou ao terno direcionamento do Seu olhar feito de misericórdia e de compaixão.

As <u>boninas</u> e <u>madressilvas</u> espalhavam-se pela pradaria, e a brisa que soprava do mar suavizava a ardência dos dias.

Israel, na sua constituição, parece-se com o ser humano: montanhas em espinhaços de basalto e aridez descem as suas bases a abismos dos mais profundos da Terra. Possui planaltos e planícies.

Também na Humanidade existem os idealistas que pensam nas alturas e os <u>torpes</u> que se asfixiam nas <u>frinchas</u> baixas da própria mesquinhez.

Israel tem dois mares, e a sociedade humana, igualmente, é constituída por dois biótipos: os generosos e doadores como o Mar da Galileia e os indiferentes, cruéis como o Mar Morto...

Todos quantos ouviam d'Ele falar conduziam os seus enfermos para que os recuperasse, o que Ele fazia com ternura incomum, às vezes, advertindo os recém-curados com severidade.

As Suas palavras, carreadas pelos ventos brandos, quase nunca eram ouvidas e levadas em consideração pela maioria dos aflitos que O buscavam.

Todos desejavam soluções imediatas para os atormentadores problemas em que se <u>enleavam</u>.

Havia de tudo que se possa imaginar, caracterizando a sociedade dos padecentes humanos, e estes se sucediam em toda parte, como as contínuas ondas do mar visitadas pelas permanentes passagens dos ventos.

Deslumbramento e exclamações dos beneficiários e dos seus responsáveis rompiam o silêncio ou ultrapassavam a balbúrdia em louvores a Deus, mas nenhuma quase transformação moral, mudança de valores éticos podiam-se perceber como uma das suas preocupações.

A magia dos fenômenos arrebatava as multidões onde quer que Ele se apresentasse.

Certo dia, um escriba muito entusiasmado, após vê-lO e ouvi-lO, disse-Lhe:
– *Irei convosco aonde quer que fordes!*
Ele sorriu triste e respondeu-lhe:
– *As aves dos céus têm os seus ninhos, e os chacais, os seus covis, mas o* Filho do Homem *não tem uma pedra sequer para reclinar a cabeça.*
O entusiasmo murchou-lhe no semblante e ele não O seguiu.
Outro, que também estava comovido, propôs-Lhe:
– *Deixai primeiro sepultar o meu pai...*
Ao que Ele redarguiu:
– *Deixai aos mortos o cuidado de enterrar os vossos mortos...*
E esse também não O acompanhou...
Ele então atravessou a outra margem do mar com os Seus para poder meditar.
Mas quando lá chegaram, a Sua fama antecipara-O, e outras massas sedentas de saúde e de paz acorreram com as suas enfermidades e misérias morais, buscando socorro.
Ele era, porém, o poeta de Deus e a Sua era a Canção de vida indestrutível.
Posteriormente, num entardecer de luzes cambiantes, quando a multidão era expressiva num monte fronteiro ao mar-espelho, Ele cantou o poema incomparável das Bem-aventuranças e mudou a estrutura do comportamento legal e social da Humanidade.
Nunca mais a melodia da Sua doce voz silenciaria a canção nos ouvidos dos milênios que se sucederiam.

E, antes que se dispersassem naquela ocasião única, Ele continuou apresentando o poema das mercês a que todos têm direito.

A justiça, o adultério, o homicídio, a esmola, o jejum tornaram-se as modulações profundas da Sua música, que passaria à posteridade como o sublime código de ética e moral para a aquisição de uma existência feliz.

Mas não dissera tudo, nem poderia havê-lo feito de uma só vez.

Permaneciam na expectativa de todos os ouvintes outras questões palpitantes e fundamentais que se faziam necessárias.

Ninguém jamais ouvira nada igual, nem aguardava receber o Estatuto da Nova Era.

Permaneciam ainda no pentagrama da Natureza algumas notas que cantavam beleza e embalavam os corações.

– *Quando estiverdes em necessidade, buscai o Pai, porque ficarei convosco por pouco tempo* – Ele anunciara, emocionado.

Então, um dos Seus, também comovido, perguntou-Lhe:

– *E como falaremos ao Pai, que não conhecemos nem sabemos onde se encontra?*

As harmonias do ambiente vibravam em sublime e delicada melodia que prosseguia no ar.

– *Orando o fareis* – respondeu-lhe.

– *Então, ensina-nos a orar...* – solicitou o outro.

Com a musicalidade incomparável da Sua voz, Ele proferiu a mais completa mensagem que a Humanidade conhece – a prece dominical.

– *Pai Nosso, que estais nos Céus...*

Cada frase é uma síntese de louvor, de solicitação, de emocionada gratidão.

– *...Que estais nos Céus... e nos corações de todos os vossos filhos.*

O poema detalha as aflições e as bênçãos, o ser longínquo buscando o Genitor <u>propínquo</u> em uma intimidade infinita.

– *Não façais como os hipócritas que se exibem na praça pública para orar. Antes, buscai o silêncio, a quietude do vosso quarto, e falai com Ele...*

Era a primeira extraordinária proposta psicoterapêutica para a interiorização, a autoiluminação.

Não se tratava de uma fórmula cabalística ou bengala de apoio psicológico, mas constituía um <u>colóquio</u> da alma sofrida ou grata com o Pai atencioso e ouvinte.

Desde então, a oração ensinada por Jesus transformou-se na mais sábia diretriz para a comunhão com a Verdade.

Quem ora ilumina-se de dentro para fora e nenhuma sombra permanece em predominância.

No silêncio do coração, na intimidade do ser continua ressoando o doce poema: *Pai Nosso, que estais nos Céus...*

Quase três anos depois daquela tarde insuperável, num outro entardecer de fogo e loucura, Ele, em agonia, suplicou, completando-a:

– *Perdoai-os, meu Pai, pois que eles não sabem o que estão fazendo...*

Amor e perdão, os termos básicos da equação existencial no poema do inesquecível Poeta de Deus.

# 8

# EM NAZARÉ, NÃO O RECEBERAM...

Ao tempo de Jesus, Nazaré era uma aldeia muito modesta, com uma população reduzida entre 150 e 180 pessoas, distante 6 quilômetros de Séforis, a nova capital da Galileia, e distante aproximadamente 52 quilômetros de Cafarnaum, onde passaria a residir por algum tempo.

Embora Ele houvesse vivido ali por quase trinta anos, fosse conhecido e seguisse a tradição *nazireia*, resultado da sua educação doméstica, quando foi anunciado o Seu retorno, os adversários anteciparam-nO e, mediante a <u>urdidura</u> das intrigas, da inveja e do <u>despeito</u>, geraram embaraços e dificultaram-Lhe o ministério.

A intriga é veneno destilado pelas almas doentes incapazes de acompanhar a glória de outrem sem a presença da inveja e do despeito.

Ele era puro, por isso não se fazia aceito por aqueles que ainda se encontravam nas agruras das imperfeições.

Era manso, e a ferocidade dos mais primitivos levantava-se para provocá-lO, embora não encontrasse resposta equivalente.

Ele era nobre como a Vida, e os atormentados que a perturbavam não aceitavam a Sua superioridade.

Em torno dos Seus passos, a indiferença pelo próximo e o esquecimento da fraternidade constituíam comportamento normal, porque os infelizes eram invisíveis, quando não criavam situações embaraçosas para os cômodos.

Mas ainda hoje é mais ou menos assim...

Quando Ele chegou com os Seus discípulos, após uma jornada fatigante, a agressividade local era generalizada, demonstrando quanto ressentimento havia na pequena e hostil população.

Havia inverno nos corações, enquanto a primavera estuava em a Natureza.

Sopravam ventos brandos, levemente perfumados, acariciando as almas em turbilhão.

Uns O chamavam de discípulo de Belzebu para poder realizar o que diziam que Ele era capaz de fazer. Outros O acusavam de feitiçaria. Diversos gritavam que Ele era mistificador, que ludibriava o povo ignorante e supersticioso...

Os discípulos foram igualmente agredidos verbalmente e não foram poucas as discussões que, por pouco, não culminaram em pugilato.

Os mais jovens ficaram furiosos e enfrentaram a ironia e a crítica ácida, defendendo o Amigo.

Os mais experientes não ocultavam o desencanto, ainda mais diante da serenidade do Rabi, que permanecia inalterado.

– *O Reino dos Céus não é imposto pela força* – disse Ele mansamente, como se nada de mau estivesse acontecendo.

E, porque a situação se houvesse tornado grave, a fim de evitar alguma <u>pugna</u> muito do agrado dos desordeiros, Ele convidou os amigos, sem qualquer ressentimento, a retornarem a Cafarnaum...

Os Seus não O receberam, não O mereciam.

A flor delicada da verdade necessita da haste vigorosa para continuar exalando perfume e transformar-se em fruto abençoado.

Os <u>nazireus</u> estavam tentando ferir a árvore frondosa da Verdade, a fim de que não houvesse flor nem frutescência.

Na saída de Nazaré convulsionada pela insensatez dos Seus inimigos, houve o enfrentamento com a Treva.

Nazaré, como a maioria das cidades, tinha os seus réprobos: aqueles que haviam sido expulsos do *Livro da Vida*, portadores de lepra, de obsessão, de cegueira, das mazelas da alma pela prostituição, alcoolismo, misérias morais...

Tornara-se célebre um endemoniado agressivo, que normalmente era expulso da pequenina urbe sob pedradas de crianças e de adultos, e sempre retornava.

Relativamente jovem fora acometido de loucura, agredindo os pais e familiares, todos quantos se lhe acercavam, sendo surrado muitas vezes até a exaustão e jogado nos <u>monturos</u>...

Passado algum tempo, ei-lo de retorno, furioso e alucinado.

Vendo Jesus e os Seus a regular distância, pôs-se a blasfemar e a inquirir:

– *Jesus de Nazaré, por que me persegues? Que quereis de mim?*

Suavemente compadecido enquanto o <u>tresvariado</u> se agitava, Ele indagou, tocado pela misericórdia:

– *Quem sois vós?*

A voz roufenha e a baba abundante na boca responderam:

– *Sou Satanás, que domino este homem e o martirizo.*

Com dúlcida e enérgica melodia nos lábios, o Senhor respondeu:

– *Satanás, em nome de meu Pai, eu vos ordeno: saí dele, deixai-o.*

A voz, portadora de uma tonalidade especial, sem qualquer <u>laivo</u> de brutalidade, produzindo um especial efeito no infeliz desencarnado, que agitou o enfermo, fê-lo convulsionar e deixou-o, tombando-o no solo, como se estivesse numa crise epiléptica.

Apesar de acostumados com os sublimes fenômenos produzidos pelo Mestre, os Seus discípulos, a princípio alarmados, foram tomados de jubilosa surpresa.

E quando o Senhor auxiliou o paciente a levantar-se perfeitamente recuperado, disse-lhe:

– *Ide e apresentai-vos a todos, a fim de que eles saibam o que pode fazer Aquele que vem em nome de Deus.*

O recuperado sacudiu a poeira da roupa e avançou em direção da praça, onde se amotinavam o povo e alguns fariseus, que, vendo-o, ficaram estremunhados e agressivos.

Alguém gritou com voz estentórea:
— *Quem está de volta?!*
Com muita calma, o ex-alienado respondeu:
— *Sim, sou eu!*
— *Continuais louco, desgraçado, ou alguém vos curou?*
Sem ressentimento e com alegria ripostou:
— *O Mestre recuperou-me...*

Não terminou a frase e as gargalhadas de mofa abafaram-lhe a voz em gritaria infrene, com ameaças de apedrejamento.

Foi então que o recuperado bradou mais forte:
— *Jesus salvou-me! Estou curado.*

Seus olhos brilhantes e a sua serenidade impactaram os delinquentes, que foram dominados por peculiar estupor.

Um fariseu soberbo e mendaz acercou-se-lhe com empáfia e, olhando-o com aparente serenidade, inquiriu-o:
— *Dizeis que Jesus vos curou? Mas Ele é servo de Belzebu.*

Ao que o recém-curado esclareceu, com lógica irretorquível:
— *Se Ele me curou por Belzebu, por que vós jamais curastes alguém? Que me importa em nome de quem Ele me recuperou? O que posso afirmar é que eu tinha um demônio que me dominava, e Ele me libertou. É, portanto, melhor e mais poderoso do que vós.*

E saiu cantando louvores, seguindo o Mestre.

※

Nunca faltarão inimigos para a Verdade.

Mesquinhos e ignorantes, eles sempre se opõem ao amor, mas acima deles e de suas misérias encontra-se a inefável Misericórdia de Jesus a todos e a eles também socorrendo.

Nazaré não O recebeu, porque ninguém é profeta na sua terra.

Nazaré arrependeu-se na sucessão dos séculos...

# 9

# REFLEXÕES CRISTÃS

Se já tendes sensibilidade para escutar as sublimes lições do Evangelho e comover-vos com as suas dúlcidas narrativas; se podeis impregnar-vos do suave perfume da eterna primavera da Galileia, onde a brisa matutina cantava <u>odes</u> ao amor; se experimentardes ternura ao reflexionardes em torno de doces parábolas narrando episódios existenciais; se sorrirdes quando as palavras encantadoras das mensagens parecerem uma suave melodia de amor aos vossos ouvidos, estais preparados para a venturosa jornada de vivência cristã.

A canção da Boa-nova é uma eloquente sinfonia dantes jamais ouvida e não mais repetida, exaltando a vida do incomparável Trovador do Reino dos Céus.

Passaram os <u>evos</u> e acumularam-se as areias e águas oceânicas sobre as cidades antigas, um dia gloriosas e hoje desertas, nelas sobrevivendo a magia da música da esperança e da alegria que Ele esparziu em inolvidáveis cenários nas praias do Tiberíades e na planície imensa de Esdrelon...

Ninguém conseguiu, qual Ele o logrou, penetrar nos corações humanos como uma lâmina de luz que sangrou a escuridão e nunca mais desapareceu a perene claridade.

Suave como o doce aroma de uma violeta que abençoa a pata que a esmaga com a sua essência inebriante, Ele prossegue, apesar de pisoteado e desprezado.

Jesus é o mais sublime ser que a compreensão humana pode conceber.

Quem O via jamais olvidava o Seu penetrante olhar e a face terna que se lhe insculpiria na memória para sempre.

Na convulsão que faz estertorar o encantador planeta que Ele conduz, variando da loucura ao vazio existencial, da violência destruidora à anarquia cínica sem fim, a lembrança dos Seus feitos e ditos transforma-os em estrelas fulgurantes, apontando paisagens iridescentes de paz e de alegria.

Os poemas em prosa e verso, enunciados ou subliminarmente emitidos pelos Seus lábios, fazem-se alimento de sustentação das vidas que se Lhe entregam, emocionadas.

Jesus prossegue o Norte magnético para onde todos devemos rumar.

O Evangelho é o compêndio de amor mais fascinante e desafiador que a Humanidade conhece.

Deixai que as suas divinas claridades fixem-se nos painéis do sentimento e da razão, exteriorizando-se como um sol de verão abençoando a Natureza.

Ele foi aguardado de forma inconfundível, tais as profecias que O anunciavam para tornar o mundo um paraíso. Todos anelavam por conhecê-lO e serem abençoados com a Sua Mensagem.

Esperavam, porém, que fosse um assassino triunfante, que esmagasse sob os pés aqueles que se Lhe opunham.

Todos desejavam viver a Sua hora, no entanto não podiam conceber que Ele viria nobre como a Verdade, puro como a esperança e rico de ternura como jamais a Humanidade tivera alguma vez qualquer um que se Lhe assemelhasse.

Ele desceu das estrelas para que nenhuma sombra dificultasse a claridade da Sua oferenda de amor e de misericórdia.

Jamais seria esquecido e permaneceria como a luz da Verdade inapagável.

# 10

# NAQUELE VERÃO...

Naquele verão ardente, a Natureza padecia a rudeza do sol, e o ar encontrava-se quase asfixiante.
A temperatura era desagradável, e os caminhos permaneciam desoladores. Ventos suaves e mornos levantavam o pó que permanecia no ar. Os céus tomavam tonalidades avermelhadas, e as bordas das estradas revelavam-se com as raras plantas totalmente queimadas. Tinha-se a impressão de que o deserto crescera e vencera os verdes campos...

Quando o Astro-rei retornava ao poente e as nuvens brancas desapareciam no crepe da noite, as estrelas lucilantes acendiam suas lâmpadas mágicas, e o exaustivo calor do dia era diminuído pelas lufadas de ventos que sopravam sobre as ondas, quebrando-se nas praias de seixos escuros...

Numa dessas ocasiões em que a Natureza amenizava a ardência da temperatura, na agradável praia de Cafarnaum, nos fundos da casa de Simão Pedro, Jesus sentou-se numa pedra e, de imediato, foi cercado pelos amigos <u>acocorados</u> ou esparramados na areia ainda morna.

Havia um júbilo que bailava nos corações e encontrava ressonância no ar, graças às informações que Ele estava expondo a respeito do Reino de Deus.

Todos reclamavam a aspereza da existência, as dificuldades de toda ordem que dominavam os corações, as tribulações para viver com equilíbrio, a arbitrariedade dos impostos que tornavam insuportável qualquer conquista e, sobretudo, a crueldade da governança de Herodes Antipas e dos seus chefetes em Roma.

Todos eles, os discípulos, procediam de lares humildes, exceto um ou outro, embora honrados, e estavam acostumados às lutas, principalmente na área da pesca.

Ao ouvirem-nO abordar que o Reino que Ele viera instalar estava próximo, ficaram exaltados, inquietos.

No silêncio que se fez espontâneo ante o murmúrio do mar, Pedro, talvez representando o grupo expectante, indagou:

– *Mestre, desde que falastes a respeito do Reino de Nosso Pai, a ansiedade tomou conta de todos nós.*

*Será que se trata daquele mesmo anunciado pelos profetas dos nossos antepassados, quando Israel desfraldará a bandeira da vitória sobre os gentios e os adversários do Deus Único?*

*Dizei-nos algo a respeito desses vindouros dias venturosos.*

Compreendendo a curiosidade dos companheiros que sonhavam com as glórias terrestres, ingênuos e ambiciosos pelos recursos do mundo <u>transitório</u>, Ele elucidou:

– *Os reinos dessa natureza, poderosos e dominadores, que são edificados sobre os escombros daqueles que sucumbem* *vencidos, são igualmente de <u>efêmera</u> duração, porque <u>argamassados</u> com as lágrimas e o sangue dos vencidos.*

*As mais formosas e seguras edificações materiais são danificadas pelos terremotos, tempestades, exércitos sádicos e o tempo <u>inexorável</u> que os vence a todos. Tudo aquilo que constitui glória de um momento torna-se, com o desenovelar-se das horas, destroços que nada retratam a grandeza passada...*

*As cidades mais gloriosas do passado hoje são ruínas amontoadas onde as serpentes fazem seus ninhos e a erva má desenvolve-se.*

*O Reino dos Céus é edificado no coração pacificado pelo amor, na comunhão das criaturas que se amam como irmãos verdadeiros, que se respeitarão, ajudando-se mutuamente. A felicidade de uns está sempre dependendo da generalização do bem-estar de todos.*

*Por enquanto é uma proposta que parece inalcançável, porque a escala de valores existentes é equivocada e as paixões dominantes são doentias.*

*Ao enunciá-lo, temos por objetivo encorajar os lutadores a perseverarem nos seus sagrados objetivos de fraternidade e crescimento, modificando os <u>parâmetros</u> de comportamento por aqueles que meu Pai mandou-me apresentar e viver.*

A noite estava refulgente de astros, e a ardência do dia cedera lugar a uma agradável temperatura.

O <u>bulício</u> da cidade diminuíra.

Aquela voz meiga e forte, suave e penetrante ressoava na acústica das almas algo deslumbradas, embora sem a necessária e profunda compreensão do significado das palavras.

No sonho de prazer e vida feliz, parecia aos ouvintes uma realidade muito próxima e de fácil conquista.

Permaneciam, pois, atentos, impressionados.

Tocado pela narrativa, o jovem João, filho de Zebedeu e Salomé, interrogou com emoção:

– *Quando isso acontecerá, Senhor? Será imediatamente? Todos os amigos com os quais convivo são tão diferentes uns dos outros! Preguiçosos, na maioria, aspiram por lucros sem investimento, enquanto outros, mais ambiciosos, são astutos e desonestos. Será possível torná-los iguais? Chamam-me de sonhador, zombam das minhas palavras quando me refiro a Vós.*

*Eu também <u>anelo</u> por um mundo diferente, no qual todos sejamos operosos e justos, trabalhadores e alegres, felizes...*

O Rabi olhou-o com indefinível ternura e <u>adiu</u>:

– *João, já carregais na alma os alicerces do Reino. Ele não será material, embora instalado no mundo, e terá as mesmas características com ligeiras alterações.*

*Os seres humanos avançam para a perfeita união, quando se desvestem das roupagens asfixiantes do egoísmo e se libertam das algemas dos instintos dominadores... As criaturas despertas pelo Evangelho serão dóceis, <u>dúcteis</u>, felizes, ajudando-se reciprocamente e redimindo-se dos seus equívocos brutais e paixões dissolventes, a fim de se tornarem amorosas e compreensivas. Aos direitos que todos se referem vicejarão os deveres do amor que inebria, e a própria Natureza sofrerá tais mudanças, que a Terra será transformada em um paraíso...*

*Observemos a primavera. Sobre a terra antes calcinada, dominada pelas ervas daninhas, a suave temperatura proporciona o estourar da beleza que sai do solo, e tudo se veste de cor, perfume e alegria.*

*Assim será também com o nosso mundo atribulado de hoje... Quando soprarem os ventos do amor, num clima de* *ternura e afeto, tudo se transformará, e iridescente beleza tingirá de luzes e de cores as paisagens espirituais das criaturas humanas. Agora, cabe-nos a todos anunciá-lo, <u>arrotear</u> as terras dos corações e vivê-lo no sorriso e no carinho com os sofredores, que são as flores murchas que se renovarão.*

*Gerações suceder-se-ão, renascereis na carne muitas vezes vós outros, e anjos de bondade estarão ajudando-vos a vencer as nuvens borrascosas quando o* Consolador *trouxer suas legiões de obreiros abnegados que se renderão ao amor, em esforços sobre-humanos, para que seja instalado o Reino dos Céus para a felicidade de todos.*

※

O doce Profeta silenciou.

Anunciou o Reino e deu a vida por ele.

Os séculos dobraram-se uns sobre os outros e é chegado o tempo de ser instalado, primeiro no coração, o Reino por Ele anunciado.

# 11

# A PRIMAVERA CHEGARA

As anêmonas variegadas explodiam as suas cores nas delicadas pétalas que oscilavam suavemente ao vento, nas pontas verdes das suas hastes.

A imensa e colorida paisagem salpicada de flores miúdas, assinalando a verde relva, parecia um quadro mágico em canção primaveril.

A música do Evangelho embalava as multidões que O ouviam, embora nem todos entendessem a linguagem, ora amena e doce, ora austera e forte, mediante a qual Ele expressava as paisagens do Reino de Deus.

Acostumados à azáfama do dia a dia, sem voos mais altos do pensamento, a suavidade dos Seus ditos confortava aquelas vidas ressequidas que se estiolavam na ardência das paixões ou anulara as suas aspirações modestas.

Comentava-se com emoção, em serenas expectativas ou vibrantes implicações no existir, tudo quanto Ele afirmava.

A Sua presença, para grande número de ouvintes, era a chuva do Amor de Deus, alcançando o solo adusto dos corações humanos naquele terrível deserto de sentimentos de amor.

Para outros, os apaixonados e serventuários dos interesses vis, era mais um astuto mistificador que se utilizava das palavras como um <u>látego</u> ferinte em razão de objetivos inferiores, ainda não desvelados.

De alguma forma estavam acostumados com esses falsos profetas que surgiam periodicamente e de regiões diferentes, apresentando a *cólera divina*, espalhando o terror, terríveis e aproveitadores, que terminavam desmascarados sob o <u>apupo</u> das massas irritadas.

Verdade é que por onde Ele passava aconteciam fenômenos surpreendentes, e Ele jamais pedia algo para si; pelo contrário, sempre ofertava carinho e misericórdia a todos aqueles que foram devastados pelas tempestades existenciais.

Suas curas prodigiosas e inexplicáveis surpreendiam, e as lições posteriores, recomendando que os antigos enfermos não voltassem à prática dos seus erros nem dissoluções morais, jamais se apagariam da memória dos tempos.

Jesus era, sim, especial.

Ninguém conseguira impressionar as multidões conforme Ele lograva.

Ele desejava alçar os pensamentos dos seres humanos às alturas do Hérmon, embora as lutas se realizassem na Planície de Esdrelon...

Naquela primavera especial, a última em que Ele anunciava os tempos novos, em cada lugar repetiam-se as cenas incomuns do Seu Amor e da Sua compaixão pelas criaturas.

Nem sempre compreendido, mantinha-se <u>integérrimo</u>, não perdendo tempo com discussões com os ociosos e pessimistas de ocasião.

Estava constantemente cercado pelos necessitados de todos os tipos, aos quais dispensava bondade e paciência, auxiliando-os na solução dos problemas reais ou imaginários que os atormentavam.

<u>Aturdia</u> alguns israelitas a largueza das suas informações.

Não se sabia se frequentara sinagogas, não era um rabi convencional, mas os seus conhecimentos produziam surpresas em todos que d'Ele se acercavam. Ele falava sobre quaisquer temas que Lhe fossem apresentados, porém com uma profundidade incomum. Muitos tentavam confundi-lO inutilmente, pois Ele sempre os superava com naturalidade.

Ele dizia-se o Messias, mas não o exclusivista de Israel, que libertaria o seu povo da sujeição do jugo romano. Ele tinha a coragem de afirmar que mereciam respeito e liberdade também os gentios, os inimigos de Moisés, inclusive os romanos vampirizadores.

A dúvida ficava no ar, porque a promessa que se guardava, através de múltiplas gerações, referia-se apenas à felicidade do povo eleito. Ele, porém, informava que todos eram filhos de Deus, sem privilégios para uns nem carência para os demais.

Aconteceu num entardecer de cores formosas, nas cercanias de Cafarnaum.

Herodes Antipas encontrava-se na cidade e hospedava Quirino, chefe de uma legião que transitava em direção à Síria.

Os soldados, sem maiores compromissos, descansavam e aproveitavam as delícias da amena temperatura para passear pelas margens do lago e arredores.

Urias era um jovem de 20 anos aproximadamente, que se destacava no grupo em razão da nobreza de caráter, procedente de família romana distinta, e por isso mesmo desfrutava de algumas regalias concedidas pelo comandante.

Ele ouviu falar sobre Jesus e buscou escutá-lO numa das Suas alocuções na praia, entre as embarcações em repouso.

O Mestre impressionou-o profundamente, atraindo-lhe a atenção e o interesse.

Informado de que Ele se hospedava no lar do pescador Simão Pedro, não sopitou a curiosidade e naquele entardecer esplendoroso, em que o mar se transformara em um espelho refletindo o poente colorido, acercou-se do Rabi, que se encontrava a sós, um pouco distante na praia larga, em meditação. Visivelmente emocionado, acercou-se-Lhe e falou-Lhe sem preâmbulos:

– *Mestre, as Vossas palavras penetraram-me como um punhal de luz e diluíram todas as sombras do meu coração.*

*Sou romano e adorador dos deuses e dos nossos antepassados.*

*Tenho-Vos ouvido e confundo-me com as Vossas sublimes palavras.*

*Referis-Vos a um Deus Único, que é mais poderoso do que todos os deuses de todos os povos.*

*Que deverei fazer para segui-lO?*

O Senhor derramou sobre ele o Seu brando olhar e respondeu com doçura:

— *Buscai o Sol que se esconde atrás das montanhas e compreendereis que, após a noite que advém da sua ausência, retorna formoso e cálido.*

*Assim o faz desde o princípio dos tempos, sob uma força poderosa que o sustenta.*

*Reflexionai sobre o mar e as vidas que nele se abrigam da mesma forma que os pássaros e os animais que completam a Natureza e encontrareis a mesma força que os mantém.*

*Misteriosa essa energia criadora, que vem do Nosso Pai, em tudo presente e vitalizadora.*

*Se quereis conhecê-lO e servi-lO, amai a tudo e a todos indistintamente, e O sentirás no vosso mundo interior.*

*O amor é a energia básica da Vida, criadora e cocriadora, manifestação eterna de Deus.*

Os olhos do rapaz coroaram-se de lágrimas, que não recearam escorrer pela face.

— *Vós sois filho do amor* — concluiu Jesus — *e nunca vos esqueçais de que eu venho para que o vosso coração se enfloresça de paz e nada mais vos satisfaça além do amor.*

O legionário afastou-se comovido e, olhando para trás, continuou a ver a Sua figura de pé, destacada na quase noite, como um raio de esperança.

Nunca as tradições cristãs referiram-se ao jovem legionário romano, que foi o primeiro a aceitar Jesus, dando-Lhe a vida mais tarde em <u>holocausto</u> de amor.

## 12

# AMANHECER INIGUALÁVEL

Após a tragédia <u>colimada</u> no Gólgota, a sombra do horror tomou conta do planeta sacudido pelo crime hediondo.

Nunca dantes houve algo semelhante. A crucificação do Justo assinalaria a permanência da ignorância e da crueldade no coração humano, petrificado pela arrogância da transitória existência que a morte ceifaria...

A noite espiritual que se fez a partir daquele momento de pavor se alongaria nas estradas <u>longevas</u> dos séculos porvindouros, até o momento em que o holocausto por amor dos mártires rompesse a densa escuridão, facultando o brilho do sol da esperança para os criminosos.

Compreensivelmente, aqueles homens simples e modestos, acostumados às redes de pesca e às questões simples do seu *habitat*, na sua timidez na cidade perversa, experimentaram diferentes emoções e ficaram desorientados, sem saber o que fazer.

Alguns não tinham lucidez mental para compreender a truculenta ocorrência, outros cambaleavam, acreditando-se abandonados e sem roteiro; todos estavam <u>aturdidos</u>.

A crucificação do Mestre, embora Ele o houvesse anunciado mais de uma vez, com clareza e com naturalidade, ultrapassava nas suas mentes tudo quanto poderiam imaginar.

Essa punição <u>nefanda</u> tornava-se-lhes um desafio inimaginável.

Como viveriam a partir daquele momento, em que, desconhecidos, não tinham uma porta a bater, buscando socorro, entendimento? Para onde iriam, naquele lugar cruel e ameaçador? Pensavam que logo depois seriam caçados por verdadeiras hienas e provavelmente teriam que pagar pela audácia de seguir Aquele que se dizia o Messias.

O medo é algoz <u>implacável</u>!

Notícias <u>nefastas</u> e apavorantes circulavam em toda parte, e as pessoas, agora carrancudas, tornavam-se perigosas.

Repassavam pela mente todas as promessas e expectativas, os sonhos de um mundo de luz, de paz, as alegrias em um reino de trabalho e festa, tudo agora sombreado pelo pavor e incerteza de quem seria o próximo a perder a vida.

O suicídio de Judas diminuíra-lhes a raiva em relação ao traidor, que tanto recebera do Mestre.

Quem seria, agora, o próximo crucificado?

Do medo ao pavor é um passo, e logo este se lhes instalou, e procuraram esconder-se nos arrabaldes, enquanto as horas pareciam intermináveis.

Eles desejavam retornar às praias de Cafarnaum, às labutas do mar, às ingênuas e modestas necessidades do dia a dia.

Uma força <u>incoercível</u>, porém, retinha-os na *amaldiçoada* cidade que passaram a detestar.

Ainda estavam aturdidos em discussão inútil, quando Ele apareceu.

Não havia dúvida! Era o Amigo de todas as horas, sorrindo com a ternura do perdão às suas fraquezas, as mãos abertas, as chagas dos cravos à mostra e a <u>indumentária</u> refulgente.

Aquele momento ficaria eternizado na alma da Humanidade.

Não havia palavras que pudessem traduzir as emoções transformadas em lágrimas, sorrisos e lamentos em razão do comportamento desleal de cada qual.

Mas Ele não parecia julgar suas fraquezas nem <u>dubiedades</u>. Apenas voltara conforme prometera, especialmente naquela circunstância <u>aziaga</u> e terrível.

Compreenderam, por fim, que o Reino a que Ele se referira tantas vezes não estava nas dimensões terrestres, mas, sim, na imortalidade da alma.

Impossível seria descrever o renascer da alegria em seu mundo interior, o júbilo imediato por amá-lO, o desejo exaltado de O levar a todas as gentes.

A Ressurreição de Jesus é o momento culminante da história da Sua vida entre as criaturas humanas. Todavia, era imprescindível que antes ocorresse a Sua morte, que Ele fosse visto como um vencido pelo poder da loucura terrestre, qual se fosse um trapo na haste da cruz, a fim de ser grandioso o seu retorno luminescente.

Sempre haverá noite na história de todos os Espíritos, mas igualmente surgirá a madrugada iridescente da vitória da Vida.

Por isso, a história da vida de Jesus representa o triunfo do amor imortal sobre a transitoriedade material.

...Eles voltaram, então, à formosa Galileia.

À primeira aparição seguiram-se outras em diferentes lugares, de modo que as testemunhas fossem inumeráveis, culminando no entardecer da região amada diante de uma multidão de 500 pessoas que escutavam João, quando Ele voltou a dar as últimas instruções.

Retornaria, sim, periodicamente nas fases tristes da sociedade, quando a dor chegasse aos extremos do desespero e tudo parecesse prestes a mergulhar no caos...

Seus discípulos, então renascidos em outros corpos, voltariam a vê-lO e a ouvi-lO, repetindo as instruções de amor e de caridade, em canções de abnegação e de caridade ímpares.

O sentido da existência física é a preparação para a imortalidade, nutrindo-se o ser do pão fraternal, da luta de autoiluminação, edificando a ternura no coração, a energia nas ações e imensurável alegria da existência com todo o seu fardo de testemunhos, que são verdadeiras bênçãos para o Espírito.

O Evangelho é o hino perene de luz que canta em toda parte e repete as Bem-aventuranças inolvidáveis.

Quando as criaturas humanas aprofundarem o conhecimento nas lições insuperáveis do Rabi Galileu, automaticamente permitirão que se <u>impregnem</u> os sentimentos e a inteligência, experimentando desde então as delícias da plenitude, da paz.

Jamais aqueles dias voltarão. No entanto, ficarão como alicerce de todas as conquistas superiores do ser humano na sua <u>ascensão</u> ao Infinito.

Mudam os tempos e alteram-se os comportamentos diante da ética submetida aos impositivos da evolução da cultura, mas as recomendações do Mestre serão sempre a base de todas as conquistas morais da sociedade.

Na grande noite que se abate sobre a Terra, anunciando a chegada e a instalação da luz da verdade, Jesus prossegue o caminho, único aliás, para o êxito de qualquer empreendimento.

# 13

# TESTEMUNHOS À FÉ

O fermento farisaico aumentava o desequilíbrio das multidões, à medida que a Mensagem ganhava os corações aflitos.

Pairavam no ar as velhas tradições cumuladas de crendices e crueldade, enquanto as bênçãos das boas-novas amenizavam as dores e desesperanças.

Era uma batalha sem gládio nem armas destrutivas, mas de ideias retrógradas que teimavam em deter a marcha do progresso, ante a madrugada rica de pensamentos e ações libertadores.

Aderindo lentamente aos ensinamentos ricos de alegria e de progresso, as criaturas modificavam a conduta, enquanto uma brisa de esperança espraiava-se por todo lugar onde Ele queimava com a chama do amor a erva má dos hábitos infelizes.

A sociedade sempre apresentara os venturosos e os vencidos, os dominadores e os submissos mediante a escravidão escancarada ou sob disfarces.

Desse modo, marginalizados, os pobres e deserdados agora recebiam o pábulo da verdade para terem diminuídas as suas penas.

Não somente esses excruciados beneficiavam-se das inestimáveis pregações da Boa-nova, mas também cidadãos ricos e bem situados descobriam em Jesus o conforto e a segurança de que tinham necessidade.

Todos os viandantes da indumentária carnal dependem dos valiosos tesouros da fé e da esperança a fim de darem sentido à existência.

Em consequência, cada dia era mais numerosa a multidão que acorria às praias ou às praças onde Ele falava em Cafarnaum, bem como noutras cidades e aldeias.

A Sua voz era como uma brisa perfumada que beneficiava a própria Natureza.

Mães desesperadas com filhinhos enfermos, homens e mulheres mutilados no corpo, na alma, na existência, desvairados com transtornos emocionais e mentais, idosos abandonados e desiludidos eram jovialmente socorridos e admoestados a retificarem o comportamento, voltando-se para o dever e a ordem.

Tratava-se, sem dúvida, de uma revolução extraordinária, como antes nunca ocorrera.

A Sua figura, portadora de beleza ímpar, exsudava ternura e compaixão, sem que qualquer que fosse o padecente jamais deixasse de receber a misericórdia que esparzia.

Sempre gentil, atuava com respeito às leis e sem solicitar qualquer tipo de recompensa. Jesus era, naqueles dias, a felicidade que chegara às terras áridas de Israel.

A voz branda alcançava a acústica do ser como uma sinfonia de bênçãos, e ninguém que a ouvia lograva olvidá-lO.

A inditosa sociedade israelita, dividida em classes que se antagonizavam, passou a olhá-lO com temor e ódio.

Para Ele, todos, porém, são filhos de Deus, merecedores das mesmas oportunidades assim como do direito de crer e cantar, conforme lhes aprouver, a canção de alegria.

Incomodados na sua ridícula <u>presunção</u>, os fariseus, especialmente soberbos, passaram a detestá-lO com mais vigor e insistência, amedrontados pela Sua grandeza.

Não O poupavam, sempre que O encontravam, e estavam em toda parte perturbando a multidão, gerando tumulto ou criticando-O, em tentativas sempre frustradas de perturbar-Lhe o ministério. Ele, porém, que os conhecia muito bem, que lhes identificava o caráter <u>venal</u>, respondia-lhes às indagações com superioridade, silenciando-os de forma surpreendente.

Passaram, então, a difamá-lO, caluniando-O como Mensageiro de Satanás, mistificador e inimigo do povo que reunia para aplicar futuro golpe contra o Sinédrio e César...

Em consequência, os Seus amigos, aqueles que O seguiam de perto, passaram a sofrer injunções e ameaças contínuas.

Ignorando-as, os enfermos da mente prosseguiam na sementeira de luz e de alegria, após recuperados pela Sua Misericórdia. Entretanto, os amigos menos equipados por sabedoria e elevação moral eram atacados verbalmente e até mesmo agredidos na sua faina diária no lar ou no labor de aquisição do pão.

Em uma oportunidade especial, após uma injustificável discussão que terminara quase em agressão física, muito estremunhado, Simão buscou o Amigo e indagou-Lhe sem preâmbulos:

– *Como proceder, Senhor, com os Vossos inimigos que se nos tornam adversários espontâneos, agressivos e opositores desalmados? Em Cafarnaum, onde moramos, conhecemos quase todos os residentes que nos respeitavam, e agora, <u>açulados</u> pelos adversários cruéis, olham-nos com desprezo e, não poucas vezes, negam-se a adquirir os nossos produtos?*

Com a serenidade que Lhe era peculiar, o Amigo respondeu:

– *Até aqui o mundo cultivava os comportamentos que difamavam os pobres, as viúvas, os órfãos que ainda são taxados como prejudiciais à comunidade, em face do orgulho doentio que domina em toda parte.*

*Agora estamos no limiar de uma Nova Era, em que o Amor de Nosso Pai alberga todas as criaturas, ajudando-as a desfrutar de paz e de esperança de melhores dias.*

*Não acostumados às novas diretrizes da misericórdia e da compaixão, os exploradores das massas infelizes desejam estancar o rio da solidariedade que Ele direcionou nestes dias de renovação.*

*É natural que os <u>desditosos</u> em si mesmos reajam à nossa alegria e amizade, tendo em vista que sempre os via banidos, rebaixados, por causa das <u>exulcerações</u> íntimas que desconhecem.*

*Como não nos podem combater as ideias nem realizar o que Nosso Pai nos propicia fazer, revoltam-se e lutam para silenciar-nos, para impedir-nos de realizar a implantação do Reino de Deus.*

Após uma pausa de reflexão, o discípulo magoado retornou à indagação:

– *Mas, Mestre, eles são perversos e odientos. Como tratá-los? Não nos dão trégua nem permitem sequer que os esclareçamos. Caluniam-nos como servidores de Satanás e hipnotizados por Vós.*

– *Deveremos responder-lhes com o tratamento da compaixão que nos merecem. Eles ignoram as enfermidades que os consomem e os envilecem. O perdão de nossa parte é a força que nasce no cerne do amor que devemos ter com aqueles que nos maldizem e perseguem, porque são profundamente infelizes.*

*Que faz a delicada flor quando pisoteada senão perfumar a pata que a esmaga? Outra não é a nossa alternativa. Se formos entrar em <u>litígio</u> que, aliás, eles querem, para permanecerem em discussões infrutíferas e ferozes, estaremos no seu mesmo nível mental e emocional. O Evangelho tem por missão transformar pântanos morais em pomares de bênçãos, corações <u>empedernidos</u> em sentimentos de ternura e de bondade.*

Pedro, porém, que se encontrava cansado da perseguição e maldade dos desafetos da verdade, ainda voltou à carga:

– *Não valeria a pena reagirmos, buscarmos a justiça, demonstrando a grandeza dos nossos sentimentos e a honra dos nossos antepassados?*

– *Quem se preocupa com a defesa pessoal olvida que os vossos atos são a única força da vossa dignidade. Somente os ociosos, os infiéis interessam-se pelos títulos terrenos, pelas glórias sociais, pelos antepassados...*

*Somos os construtores de um mundo de paz e de confiança, e é indispensável que vivamos essa realidade no período que a antecede, a fim de que aqueles que nos não compreendem sintam-se atraídos pela nossa alegra de viver e de amar.*

*O silêncio à perseguição e à maldade, com a correspondente ação do bem, é a receita eficaz para os testemunhos da fé e da fidelidade a Deus.*

Silenciou o Rabi e, ato contínuo, foi atender um fariseu rico e conhecido que O buscava, chorando...

Ainda hoje a Obra do Amor de Deus não encontra a receptividade que merece. Por mais algum tempo, a construção do Reino de Deus será realizada com as lágrimas dos abnegados discípulos de Jesus.

# 14

# VAMO-NOS! SAIAMOS DAQUI!

Para aqueles poucos homens cujas ambições eram reduzidas às necessidades imediatas, tudo agora lhes parecia um sonho bom que dava medo despertar.

Jamais pensaram em sequer sair das suas humildes terras onde seus ancestrais começaram os labores que eles prosseguiam e contentavam-se com o que conseguiam.

Essa mudança brusca, à qual ainda não se acostumaram mentalmente, estarrecia-os, provocando alterações significativas no seu comportamento.

Pessoas simples e desacostumadas às alterações que ocorriam no país, porquanto em nada as afetava, já que prosseguiam sempre nos seus esforços em favor do ganha-pão, viam-se agora diante de algo surpreendente, demasiadamente grande para os seus pensamentos.

Os conceitos que ouviam a respeito do Reino dos Céus na palavra dúlcida e nobre do estranho Rabi, que os cativava cada dia mais, produziam-lhes verdadeiro estupor.

Começaram a sonhar com as regiões de paz onde os anjos abençoavam as vidas, e os labores não eram do quilate a que estavam habituados, desgastantes e intermináveis.

Deveria ser maravilhoso, pensavam, quase sorrindo intimamente, viver em um lugar de venturas, sem as doenças desgastantes, a miséria desoladora, as lutas de classes separatistas, assim como de crenças, as expiações pungentes...

Como seriam os relacionamentos afetivos e sociais, as expressões de convivência e a vida nos lares?

Aquele mar amado provia de alimento as populações ribeirinhas e as barcas nele flutuantes, que pareciam estrelas no firmamento distante. Continuaria da mesma forma?

Anteviam cidades sem os rigores do trabalho exaustivo e festejos de glorificação a Deus intermináveis, roupagens pomposas e alimentos variados, abundantes, as mesas enriquecidas, enquanto desconhecidas emoções levavam-nos às lágrimas.

Como, porém, tudo isso aconteceria, senão pela interferência direta do Pai bondoso a Quem Jesus se referia muitas vezes?

As birras e as querelas que ocorriam dariam lugar à fraternidade e ao carinho que tinham dificuldade de compreender.

Como, no entanto, conciliar esses sonhos com a realidade a respeito do Seu Reino, quando Ele tivera ocasião de afirmar que não era deste mundo?

Ficavam, então, extasiados e aturdidos, deixando-se arrastar em devaneios, enquanto Ele, na condição de Filho de Deus, demonstrava o poder de que se encontrava investido.

Jamais alguém realizara o que Ele fazia com naturalidade em qualquer lugar e a qualquer hora. Sua face transfigurava-se e toda a Sua doçura convertia-se em energia luminosa que submetia os circunstantes.

As curas de enfermidades impossíveis faziam-se com espontaneidade jamais vista ou imaginada, aumentavam, e esses *milagres* ocorriam continuamente, apesar das pequenas controvérsias e das perseguições da inveja dos fariseus, sempre contrários a tudo que lhes diminuía o poder e a temeridade.

O Seu nome já era pronunciado com respeito, mas não faltavam zombadores e inimigos ferrenhos, como era comum naqueles dias de ignorância e nestes de soberba.

Eles mesmos, uma vez ou outra, eram maltratados por segui-lO, espezinhados e levados ao ridículo pelos desocupados e infelizes que não conseguiam participar da Sua convivência.

Apesar disso e de não entenderem tudo quanto Ele ensinava, seguiam ao Seu lado, deslumbrados e sonhadores.

Nem todos eles eram pescadores e alguns haviam chegado de outras aldeias e vilas diferentes, onde os costumes e os hábitos variavam, bem como as preocupações e necessidades. Apesar dessa diferença cultural, histórica e social, conseguiam identificar-se no grupo, embora algumas vezes discordassem e outras chegassem a atritos...

Nada, porém, que a presença d'Ele não diluísse.

Era quase um mistério quando Ele estava presente e ausente, havendo imensa diferença na conduta geral.

A Sua voz penetrava-os com o seu timbre, que parecia um instrumento musical divino, e permanecia.

Deitavam-se, muitas vezes, contemplando as estrelas rutilantes pacificados e despertavam sob a claridade do dia dispostos a prosseguirem na faina de libertação das misérias morais e espirituais das demais criaturas.

– ...*Saiamos. Vamo-nos daqui.*

Propusera Ele em certo amanhecer de luz.

– *A dor nos espera nos vales e nos montes de sofrimento.*

*Satanás domina as multidões insensatas e arrasta-as às loucuras do prazer enganoso, apresenta suas maravilhas e farsas, armadilhas e astúcias com compatibilidade extraordinária.*

*Ele conta com as fraquezas humanas, que lhe permitem a sintonia <u>maléfica</u>. Em consequência, o seu império cresce na Terra e o seu exército de <u>sequazes</u> sitia e explora vidas com inclemência.*

*<u>Imiscui-se</u> em toda parte e causa dano por onde passa algum dos seus membros, logra a difamação, a suspeita e a injúria. Proporciona enfermidades-<u>simulacro</u> e vicia em repousos intérminos de ociosidade ou açula os temperamentos fortes às batalhas de desunião e de ódio.*

*É o responsável por muitas desgraças que assolam entre as criaturas humanas, por ser destituído de sentimento, especialmente de compaixão.*

Houve uma pausa silenciosa e logo após Ele repetiu:

– *Saiamos. Vamo-nos daqui!*

– *As ambições humanas* – prosseguiu, Jesus, como se desejasse aclarar que havia um inimigo oculto que necessitava ser combatido de maneira especial – *governam os povos e submetem-nos cruelmente, permitindo que a anarquia e o rancor neles se instalem, facultando-lhes <u>locupletar-se</u>.*

*As portas do Inferno escancaram-se e os condenados estão sendo liberados para redimir-se, mas não têm forças morais, deixam-se algemar novamente às tendências más e asselvajadas que fazem questão de manter.*

*O predomínio do mal vem conduzindo todos aqueles que se lhe submetem através dos tempos passados e dos vindouros, conforme esperam.*

*O Pai, porém, compadecido das suas misérias, libertou-os temporariamente, a fim de que pudessem aprender com o amor o sentido sublime de viver. Eles, porém, arraigados ao mal, têm dificuldade e agridem os <u>incautos</u> que com eles simpatizam.*

*O Reino se instalará ao peso de muita renúncia e <u>tribulação</u>, de lágrimas dulcificadoras e de sofrimentos inumeráveis. Mas é necessário auxiliá-los com todos os esforços da mente e do coração.*

O sonho de felicidade neles dilui-se e a realidade apresenta-se muito diferente.

Começam a compreender que esse Reino tem as suas <u>balizas</u> no coração humano e a sua extensão é a vida de cada um, que a percorrerá pelas vias das lutas e da abnegação.

Percebendo-lhes os conflitos, o Mestre elucidou:

– *Eu vim para que tenhais vida em abundância. Não temais!*

As vozes da Natureza continuaram as suas <u>onomatopeias</u>, e, ante a quase indecisão dos amigos, Jesus pôs-se de pé e convidou, vigoroso:

– *Saiamos. Vamo-nos daqui!*

Sucederam-se os dias, e o Festival da Boa-nova espraiou-se pela Palestina de fronteiras vizinhas, anunciando o Reino de Deus, numa exaltação à vida como dantes nunca se tivera oportunidade de ouvir.

Aquela voz ora retumbante, que ciciava de vez em quando, prosseguiu chamando as criaturas ao cumprimento dos deveres e nunca silenciou.

Mesmo quando a crueldade se tornou poderosa e tentou calar o som libertador, os Céus desceram à Terra através dos imortais que prosseguiram cantando até os nossos dias, e assim seguirão até o fim dos tempos.

# 15

# MÉDICO DE ALMAS

O mês de _kislev_² encontrava-se em vigor, enquanto a Natureza, que despertava dos desafios climáticos, explodia de beleza e verdor, e as flores miúdas espocavam perfume em profusão.

Jesus reunira alguns companheiros para o especial desafio da construção do Reino de Deus nos corações da sociedade <u>exaurida</u> pelas paixões anestesiantes e lutas inúteis, cujas vitórias o túmulo apagava.

Era um período de muitos problemas e sofrimento no mundo, especialmente em Israel, que esperava o seu Messias libertador, exibindo a espada de triunfo sobre os brilhantes tronos de ilusão, que ainda fascinam as mentes atormentadas.

Sem qualquer prévio cuidado ou anúncio, a gentil Galileia começou a ser sacudida na sua <u>modorrenta</u>

---
2. _Kislev:_ terceiro mês do calendário civil e o nono mês do calendário religioso de Israel (nota da editora).

tranquilidade, mais aparente do que real, com acontecimentos de difícil explicação.

Israel estava quase descrente do cumprimento das profecias, tais as desilusões e as contínuas mistificações das massas ignorantes, sempre confiando em astutos que se diziam representantes do Deus Único.

Aparentemente tudo continuava como de hábito: as lutas do cotidiano, as querelas dos mercadores e as dificuldades de toda ordem que esmagavam os mais fracos, o <u>poviléu</u>.

Cafarnaum encontrava-se sob estranho magnetismo, que se podia sentir sem qualquer esforço. É como se uma suave esperança em forma de brisa cariciosa tomasse a atmosfera ambiente.

A capital da província <u>pululava</u>, e os miseráveis prosseguiam carregando o seu <u>fadário</u>, mas parecia haver algo não conhecido, que permanecia no ar, soprado por ventos <u>bonançosos</u> do mar.

As notícias, a princípio, a medo e em meio-tom de voz, falavam das curas que se realizavam em diversos lugares, inesperadamente, pelo desconhecido Nazireu.

Ele chegara sem que alguém O conhecesse e foi-se notabilizando pela figura bela e singular.

Sua voz era branda e enérgica, mas aqueles que O acompanhavam eram a ralé da cidade, a <u>escória</u>, os miseráveis, enfim, e um e outro pescador conhecido, entre os quais Simão bar Jonas, sem créditos e posições de destaque para despertarem confiança.

Desde Gadara, porém, cidade pertencente à Decápole (as dez cidades gregas do outro lado do mar), chegaram informações de que Ele curara o endemoniado conhecido e temerário.

Não somente esse, mas também um leproso que aparecera na urbe, ninguém sabia de onde procedia, que recuperara a saúde com o Seu toque e a determinação da Sua palavra.

Ele passara a ser visto com frequência, embora não soubessem de onde vinha. Era um estranho total.

Na coletoria da cidade comentavam-se os acontecimentos que se avolumavam e já era visível o número agitado daqueles que O seguiam, aguardando milagres ou maravilhas, como é comum na sociedade.

Mateus ben Alfeu era um publicano muito conhecido na comunidade. Alguns patrícios detestavam-no em razão da sua profissão de cobrador de impostos, mas outros o respeitavam em consequência da sua conduta irrepreensível e porque a sua era uma família respeitável, na qual se destacava o seu irmão Tiago Menor, todos cumpridores sinceros das leis e da tradição.

Comentava-se, nas rodas sociais, que também ele fora convidado, como o seu irmão posteriormente, para acompanhar o Estrangeiro.

Tudo fora muito simples. O Nazareno entrou na sua oficina e chamou-o com tal autoridade que ele, emocionado, sem saber exatamente para quê, acedeu e passou a segui-lO.

Fora um impacto tão forte que ele resolveu comemorar o feito dando uma festa farta em acepipes e mesa rica, como se fora uma celebração de grande importância e para a qual estivesse à espera...

Os comentários não foram poucos, e as censuras também não. Os ociosos estão sempre alertas para as conversações odiosas e análises perturbadoras a respeito da conduta das demais pessoas. Encontram-se em todo lugar e fazem parte dos grupos de inúteis e presunçosos...

Durante a festa, que fora muito especial, pois que dedicada quase exclusivamente aos pecadores conhecidos na cidade pela sua conduta em desrespeito à hipocrisia dos comportamentos, os fariseus, surpreendidos pela <u>efeméride</u>, censuraram-nO, perguntando aos Seus discípulos com dura acrimônia:

— *Por que Ele prefere os <u>párias</u>, os miseráveis, os enfermos, os pervertidos?* — havia uma certa indignação na indagação.

Ele próprio, ouvindo o questionamento, sem qualquer alteração emocional, respondeu com naturalidade:

— *Não são os sadios que necessitam de médico, mas sim os enfermos. E não há enfermidades maiores do que a ignorância, o desprezo a si mesmo, o autoabandono. São esses que se atiram à miséria moral e ao desequilíbrio, que faz todos deles se afastarem, que suplicam sem palavras proteção e socorro, porque, afinal, também são filhos do Altíssimo.*

Havia na sua voz compaixão e misericórdia, mas sobretudo o sentimento de amor pelos tidos como infelizes.

A resposta calma e profunda silenciou os pusilânimes, que mais passaram a detestá-lO.

Em breve tempo, as cidades e aldeias da região e outras mais distantes receberam-Lhe a visita, e a Sua notoriedade aumentou assustadoramente. Em todo lugar se falava a respeito do Filho do Homem.

De distantes comunidades acorriam a Cafarnaum os grupos de necessitados de toda ordem, assim como os curiosos e desocupados.

Ele a todos atendia com magnanimidade e misericórdia, sem cansaço nem reproche.

As multidões corriam à praça do mercado ou às praias, ou aos pequenos redutos próximos onde Ele se encontrava, a fim de ouvi-lO, sobretudo vê-lO operar os fenômenos que modificavam as estruturas enfermas de quantos O buscavam.

Até mesmo na sinagoga de Cafarnaum Ele tivera oportunidade de apresentar as balizas do Reino e os *pilotis* que deveriam ser erigidos nos corações de todos aqueles que desejassem felicidade, libertação do mal.

Ocorria em Sua volta prodígios e *milagres* que deslumbravam, que causavam discussões acaloradas, dúvidas estranhas e emoções arrebatadoras nos seus beneficiários.

Evidentemente surgiram inimigos gratuitos, os anões morais que não perdoam os gigantes do amor, complexados que não respeitam os corações sadios e livres, os invejosos inveterados e covardes.

Surgiram as primeiras perseguições com caráter religioso, depois de natureza política e sobretudo de difamação sistemática.

Apesar disso, não encontravam nada que O incriminasse nas suas pregações, comportamento e doutrina, tudo amparado pelas Escrituras e pela inspiração de Deus.

Ele arrebatava!

Fazia poucos dias em um monte nos arredores da cidade e próximo ao mar, mais de cinco mil pessoas ouviram-nO falar do Poder de Deus e sobre as Bem-aventuranças do Seu Reino.

As palavras pareciam pássaros de luz que voavam na direção do infinito, e as promessas de júbilo perene tornavam-se uma canção que as almas jamais olvidariam.

Ao saírem daquele monte, à noite, sob o ciciar das estrelas rutilantes como lâmpadas divinas, todos buscaram os lares e nunca mais se ouviria nada que se igualasse àquela sinfonia de bênçãos e de esperança que enriquecia todas as vidas, todos os tempos!

Logo a cidade de Cafarnaum tornou-se um caldeirão de vidas em contínuo rebuliço e transformações.

Porém, não ficaria somente lá.

Ele visitou Jerusalém e confundiu os doutores do Sinédrio com a sua simplicidade. Adentrou-se no Templo e exprobrou o comportamento dos vendilhões astutos e dos sacerdotes negligentes e inescrupulosos.

A Sua audácia não tinha limites, quando falava sobre a Verdade e exigia que fosse vivida. Era, sem dúvida, um revolucionário incorruptível do amor.

Sua vida marcaria a História como a do Inigualável!

Mateus, também chamado Levi – significa *dom de Deus* –, gentil e afável, acompanhou-O nos momentos mais grandiosos da Sua jornada, anotou os Seus ditos e os Seus feitos.

Desde então, a Humanidade sofredora passou a ter o Seu médico especial, que jamais exigiu algo além do amor e nunca condenou alguém pelos seus crimes por mais escabrosos fossem.

– *O Reino de Deus* – falava – *é para todos aqueles que purifiquem o coração e desejem glorificar a própria existência.*

Mataram-nO, mas Ele ressuscitou e continuou socorrendo os perdidos e amotinados, como Pastor compassivo, e nunca mais foi esquecido.

※

Mateus, depois que Ele se foi, divulgou por quase um decênio a Sua Mensagem em seu idioma.

Posteriormente, viajou a outras terras, escreveu-Lhe as incomparáveis memórias e deu-Lhe a vida na Etiópia, ao defender a grande mártir Ifigênia.

Era primavera em a Natureza, e os corações entorpecidos em toda parte foram tocados pelo encanto da Sua voz dúlcida e penetrante.

Nunca mais será esquecido, porque é o excelente Filho de Deus.

Era o mês de *kislev*...

# 16

# A HERANÇA DIVINA

Numa das extraordinárias atividades do Rabi entre as criaturas humanas, enquanto Ele discorria a respeito do Reino, alguém o interrompeu, solicitando:

— *Mestre, mandai a meu irmão que reparta comigo a herança.*[3]

Houve um silêncio constrangedor na multidão, gerando uma psicosfera de mal-estar.

Logo após, o Senhor ripostou com outra interrogação:

— *Homem, quem me constituiu juiz ou partidor entre vós?*

E narrou uma parábola rica de beleza:

— *Olhai e guardai-vos de toda a avareza, porque a vida de um homem não consiste na abundância das coisas que possui.*

A frase preparatória da narrativa atingiu em cheio os expectadores sempre ansiosos pelos bens terrenos.

E, de imediato, prosseguiu:

---

3. Lucas, 12: 13 a 21 (nota da autora espiritual).

– *As terras de um homem rico produziram muito fruto. Ele discorria consigo: "Que hei de fazer, pois não tenho onde recolher os meus frutos?". Disse: "Farei isto: derrubarei os meus celeiros e os construirei maiores e aí guardarei toda a colheita e os meus bens. E direi à minha alma: minha alma, tens muitos bens em depósito para largos anos. Descansa, come, bebe, regala-te".*

Os ouvintes respiravam emocionados, porquanto a mensagem dizia a todos quanto às suas necessidades.

Então, concluiu:

– *Mas Deus disse-lhe: "Insensato, esta noite vos exigirão a vossa alma, e as coisas que ajuntastes para quem serão?".*

*Assim é aquele que entesoura para si e não é rico para Deus.*

A Boa-nova refere-se aos eternos bens espirituais. No entanto, ontem como hoje, os interesses mesquinhos imediatistas recebem <u>primazia</u> e cuidados zelosos de preferência.

A ânsia de ter e de poder encontra-se entranhada no imo das criaturas, que tudo fazem com o objetivo de atender essa avidez atormentadora.

O ser humano, Espírito asfixiado no barro carnal, sempre opta pelas sensações fortes que lhe dão segurança objetiva.

Destacam-se na sua agenda de progresso as questões materiais, aquelas que o aturdem e predominam como necessidades de urgência.

As lições simples e <u>desataviadas</u> do Mestre fizeram-se assinalar pela diretriz <u>imortalista</u> em todas as oportunidades. Todo o Seu Evangelho é um hino de louvor à Vida na sua abrangência imortal. Nada obstante, muitos que

O ouviram, em vez de renovar-se imediatamente, justificaram-se com os argumentos frágeis das condições materiais, sociais de significado transitório.

Há uma teimosia cultural ancestral de submeter às condições físicas tudo quanto é apresentado ao indivíduo no seu processo de crescimento intelecto-moral.

Um jovem que se fascinou pelos Seus ensinamentos libertadores, diretamente convidado à sua vivência, apelou para o sepultamento do corpo do genitor que morrera e fugiu, nunca mais voltando.

Outro que compreendeu com perfeição o significado do seu encontro com Ele, invitado a segui-lO naquela hora, postergou o dever, esclarecendo que tinha um banquete com amigos, que iriam disputar a corrida de bigas e quadrigas no dia seguinte. Apesar da insistência do Amigo para que fizesse naquele momento a sua escolha, afastou-se inquieto para viver as honras da festa e morreu atropelado no grande circo de ilusões.

Um terceiro que despertou do letargo demorado fascinou-se, mas não O seguiu, porque aguardava casar-se logo mais com uma jovem rica e certamente sua família não concordaria com a atitude dele se aceitasse o Mestre...

Assim, muitos que foram convidados ao banquete recusaram-no, deixando o anfitrião a sós, que, não tendo alternativa, buscou os miseráveis, desprezados e sem títulos para estarem com Ele. Evidentemente todos desencarnaram pouco tempo depois e perderam a oportunidade de fruir o Reino da Paz, deixando azinhavrados e bolorentos os tesouros que geraram brigas entre os herdeiros.

Por outro lado, um cobrador de impostos optou por convidar almas para a glória imortal e doou-se totalmente com abnegação, sendo-Lhe fiel até o fim.

Uma mulher equivocada que O conheceu transformou-se e viveu a Seu serviço até poder anunciar a Sua Ressurreição gloriosa, depois que todos O viram morrer de maneira infame.

Outro publicano, famoso pela sua riqueza, ouviu falarem d'Ele e, sabendo que Ele estava na sua cidade, subiu numa figueira-brava para vê-lO passar, e Ele o elegeu para hospedar-se uma noite, e depois, despojando-se de tudo, seguiu em longes terras, levando-O no coração e divulgando a Sua Mensagem para todos.

Uma mulher estrangeira, siro-fenícia, atormentada por cruel enfermidade, venceu todos os obstáculos para tocar-Lhe a indumentária e sarou, voltando ao lar entre hosanas e bênçãos anunciadoras do novo mundo que Ele lhe apresentou.

Na atualidade, ei-lO de volta na revelação dos imortais, e são poucos aqueles que O entendem e se Lhe entregam.

A negligência moral e as viciações dominantes pedem soluções para as suas alucinações e negam-se a segui-lO.

Sua voz, através de uma legião de vozes, conclama a chegada do Reino de Paz, no entanto, após os momentos de exaltação, tornam-se negociadores com as suas ofertas.

Ele foi sempre claro e honesto, afirmando:

– *Eu venho para que tenhais vida, e vida em abundância.*

A grande maioria, porém, deseja quinquilharias e coisas que ficam ao sabor da ferrugem e do furto, quando tiverem que retornar ao Mundo espiritual.

É intrigante como os tesouros terrestres têm preferência àqueles de sabor eterno, que acompanham os seus possuidores aonde quer que vão.

Todas as ninharias da sua atual trajetória pretendem que Ele resolva, embora a clareza com que os Seus embaixadores O anunciam.

Não foi um triunfador no mundo, mas o vencedor do mundo.

※

Ouvi na acústica do coração o convite de Jesus e procurai entendê-lO com as mais puras aspirações do ser imortal que sois.

Nunca desanimeis ou percais a esperança, porque Ele conta convosco quanto com Ele contais.

Deixai-vos <u>luarizar</u> pela claridade na noite em que vos encontrais e ofertai-vos.

Ele não vos pede nada senão que ameis, a fim de serdes felizes, superando a prisão sem grades do corpo pesado.

Não vos peçais para repartir em vosso favor heranças nem posturas sociais ou honrarias humanas que Ele rejeitou.

Ele é o Senhor de vivos, e não dos que estão amortalhados no corpo perecível.

※

Sua voz continuou desde aquele dia que Ele está convocando para o Reino de Deus, que está ao vosso alcance se quiserdes conquistar.

– ...*Insensato, nesta noite pedirão a vossa alma!*

# 17

# OS TORMENTOS DA ALMA

Eram dias de canções e de doces expectativas.
Havia festa nos corações e preocupações nas mentes.
Tudo se fazia inesperadamente.

O grupo que fora eleito por Jesus para o Seu colégio apostólico era constituído por homens rudes, mas não por Espíritos atrasados.

A ausência de cultura e de destaque social era proposital, por isso mesmo o Amigo os convocara, por conhecer-lhes o íntimo.

Não era a primeira vez que a sós ou em grupo estiveram no planeta terrestre, razão pela qual existia um vínculo entre eles. No seu inconsciente, exceção feita aos que eram irmãos, como João e Tiago, Pedro e André, os outros experimentavam emoções especiais quando juntos.

Apresentavam debilidades e fraquezas, a visão era restrita às paisagens da imaginação, que não alargavam por falta das ambições a que se acostumaram desde a infância.

Eis por que o <u>Pentecostes</u> abrira-lhes o inconsciente profundo, para que, lúcidos, pudessem caminhar com segurança sem a presença do Mestre amado.

Dentre eles pareciam mais estranhos Natanael, também chamado de Bartolomeu (bar – filho, tomei – pai), que também se pode traduzir como Dom ou Presente de Deus, que era muito reservado, mas se doou posteriormente, sendo sacrificado, e Judas, que não era galileu.

Judas, em face da função em que se encontrava, uma espécie de tesoureiro da modesta comunidade, era desconfiado, inseguro e pouco simpático à agremiação.

Nascido em Queriote, uma aldeia judaica ao sul de Jerusalém, sentia-se diferente de todos os outros, que eram galileus.

Havia conflitos de origem em razão das Doze Tribos, e normalmente eram quase considerados *estrangeiros* aqueles que procediam de outra tetrarquia ou região.

A grande maioria era constituída por pescadores das margens do Mar de Tiberíades, acostumados à união para puxarem as redes, a repartirem com equidade a pesca, a terem praticamente os mesmos problemas.

Mais fácil era a comunicação entre eles.

Numa noite levemente perfumada, após as labutas exaustivas do dia, o zimbório apresentava estrelas que eram verdadeiros <u>crisântemos</u> de luz bailando no crepe escuro, clareando a Natureza em volta.

Jesus encontrava-se no quintal da casa de Simão Pedro em Cafarnaum, onde, na praia, os seixos miúdos eram <u>lapidados</u> pelas sucessivas ondas que os atritavam uns contra os outros.

A espuma alva das ondas quebrando-se nas pedras brilhava sob os archotes de prata dos céus.

O Senhor deixava-se dominar pela sinfonia do momento em que tudo respirava paz.

Judas acercou-se-Lhe, algo desconfiado, e porque se sentisse bem recebido, quebrou o silêncio, indagando:

— *Senhor, fico tomado de preocupações quando percebo o Seu amor por tudo e por todos em nome do Pai misericordioso.*

*Por mais que me esforce, não consigo amar e talvez por essa razão não sou bem-aceito em nosso grupo. Uma desconfiança perturbadora afasta-me de todos, como que açoitado por chicotes invisíveis. É como se me suportassem apenas porque me convidastes, mas não me permitem ser da família, tornando-me sempre um estranho...*

Fez uma pausa, enquanto o vento brando ciciava uma suave canção.

De imediato, recomeçou, com a voz embargada:

— *Confesso que, após vários meses com o Vosso exemplo de amor, ainda tenho medo das tarefas e dos testemunhos que nos prenunciais...*

*Descubro-me pensando na impossibilidade de amar a todos. É claro que alguns, como João, despertam-me ternura, alegria, e a sua presença ingênua faz-me um grande bem. Eu desejaria possuir esses sentimentos do jovem sonhador, mas reconheço que sou um tanto amargo comigo mesmo e com os outros. É como se houvesse um <u>estigma</u> de desgraça pairando sobre mim...*

*Sinto, com efeito, que eles não confiam em mim, e para ser verdadeiro, tampouco eu confio em alguns.*

No silêncio que se fez espontâneo, o Amigo narrou-lhe, compadecido:

– Um homem possuía um terreno de vários hectares. Era rico, acreditavam os demais. Ele, no entanto, olhava a gleba e percebia que ela estava dominada pelas ervas más e pelo abandono. Fazia-se necessário um grande esforço, um trabalho contínuo para torná-la em condições de ser <u>ensementada</u>. Queixava-se, lamentando a sua falta de esforço, mas continuava em situação de vítima do destino. Justificava que ninguém o ajudava, embora não pedisse auxílio a ninguém. Lastimava-se e via os vizinhos prosperando, <u>diligentes</u> e jubilosos com as suas colheitas abundantes.

Ao invés de resolver-se por atender o dever de agricultor, apenas lamuriava a situação, deixando-se permanecer na condição de vítima do destino ou de outra qualquer circunstância.

As estações iam e vinham, perdia o período de preparação do solo e de semeação, e a sua condição permanecia em lamentos.

Judas, este é o nosso campo, oferecido pelo Celeste Pai, a fim de que cuidemos das imperfeições pessoais, a fim de melhor auxiliar o próximo a libertar-se das dificuldades e desafios da evolução.

O amor não é bênção do acaso, nem resultado de emoções ligeiras, sem o significado da abnegação e da ternura. Ninguém ascende a um planalto sem vencer a planície desafiadora...

O amor tem que ser trabalhado, exercitado, cultivado com carinho, pensando na dádiva da utilidade. Quem não cuida da própria seara não merece o respeito de quem trabalha até a exaustão no seu esforço de produzir.

Todos vêm de jornadas e experiências <u>multifárias</u> em que treinaram as habilidades emocionais.

Ouve a Natureza: as estrelas que fulgem ao longe e o cricrilar do grilo perto, cada qual com a sua finalidade.

Assim é com as criaturas humanas. Devem crescer da sua pequenez até alcançar os astros que lucilam no infinito.

Todos os seres humanos têm conflitos, angústias, ansiedades, incertezas que <u>ressumam</u> da sua evolução em épocas <u>transatas</u>. Enfrentá-los e diluí-los com ternura e afabilidade é o <u>mister</u> básico da existência terrena.

Quando convidei todos para trabalhar na minha seara, não lhes prometi sorrisos nem ilusões, mas sérios labores de transformação interior para que se reflita nos vossos exemplos a proposta do Pai Celeste, edificando em cada um o reino de esperança e de bênçãos.

Fez um silêncio oportuno e olhou o discípulo, que se deixava dulcificar e parecia despertar de um demorado letargo dos sentimentos.

Logo após, prosseguiu:

— Amai-vos mais, tornando-vos melhor para vós mesmo e, em consequência, para os vossos irmãos. Não vos isoleis. A solidão é má conselheira. A Humanidade é um corpo com muitos órgãos que se conjugam para vibrar em harmonia.

Não considereis o negativo, que sempre encontrareis no caminho da ascensão. Trabalhai-vos e alegrai-vos com a oportunidade de servir e o medo de trair, enganar e fugir para lugar nenhum cederá lugar à segurança do bem proceder, orando a Nosso Pai, e mantendo-vos no grupo que Ele vos confiou para a construção da nossa felicidade.

Acercou-se do companheiro aturdido e quase sorrindo, concluiu a entrevista:

– *Amai e sede fiéis até o fim!*

A noite continuou a sinfonia magnífica da Natureza em festa sob a luz das estrelas <u>coruscantes</u>, que prosseguiram iluminando o <u>velário</u> da amplidão.

# 18

# OS GRANDES INIMIGOS

O inverno aproximava-se, já sopravam os ventos frios e causticantes de todos os anos.

A Natureza lentamente se desvestia de beleza, encobrindo-se de névoa característica da época.

Nas praias, muitas barcas estavam colocadas ao contrário para melhor suportarem as vigorosas correntes frias que sopravam do mar.

Era o período no qual o colégio de amor restringia as suas lições da tarde, transferindo-as para as conversações mais íntimas na casa de Simão Pedro, em Cafarnaum.

Os amigos reuniam-se numa área mais ampla da cozinha e refeitório, onde toros de madeira ardiam derramando calor ameno.

As conversações abordavam os temas do dia a dia, os desafios do período e suas problemáticas habituais.

As mulheres, sempre gentis, participavam dos comentários gerais, contribuindo com a sua cooperação em qualquer necessidade que se fizesse.

Os problemas mais graves e as discussões mais significativas pertenciam aos homens <u>sisudos</u>, sempre preocupados com o bem-estar da família e da comunidade.

Também se faziam presentes os vizinhos automaticamente convidados, já que outros assuntos não existiam além desses que fazem o cotidiano de todo lugar.

Aquele havia sido um dia típico da estação invernosa.

Os céus estavam <u>plúmbeos</u>, e o mar, algo agitado.

As velhas árvores da praia dobravam-se à frequência dos ventos constantes.

A escuridão fora da residência era quase tenebrosa.

Poucos indivíduos se faziam presentes, quando Natanael, discípulo querido e sempre discreto, perguntou ao Mestre, sentado em total quietude no semicírculo:

– *Senhor! Aproveito-me do silêncio generalizado para indagar: qual o melhor comportamento que devemos ter em relação aos que nos atormentam? Viver em grupo é muito difícil, porque cada pessoa tem a sua própria forma de comportar-se e nem sempre está disposta a ajustar-se às regras da boa convivência.*

Após uma pausa breve, prosseguiu, com algum ressentimento na voz:

– *Eleaquim ben Jacó, o guardador de ovelhas, a quem eu sempre tive como amigo, depois da minha adesão aos ensinamentos sobre o Reino dos Céus, espalha informações falsas sobre mim e cria uma atmosfera desagradável em nossa comunidade.*

*Aparentemente mantém os laços de amizade, porém, percebo-lhe a presença do ciúme e da animosidade.*

*Tenho intentado não me perturbar, mas dou-me conta de que uma antipatia vem-se-me desenvolvendo no mundo interior, porque estou perdendo a confiança que lhe depositava.*

*Como fazer, a fim de preservar a paz, mesmo quando os fatores em volta criam embaraços e desconfianças?*

*Ao preparar-me para seguir as diretrizes recebidas, tombo na depressão ou no desencanto.*

*Qual a receita para este grande mal?*

Ainda não fora atendido quando Tiago acrescentou:

— *É verdade o que lhe ocorre, porque, de alguma forma, periodicamente sou tomado de dúvida e aflição semelhante.*

*A mensagem sobre o Reino de Deus fascina-me, e embriago-me ao sorver o seu conteúdo na taça do coração, todavia, convidado ao testemunho, sinto o fracasso rondar-me e apoderar-se de mim.*

*Em face do pedido que minha mãe Lhe fizera, <u>pleiteando</u> assento com João ao Seu lado, temos sido vítimas de ironia e desagrado, mesmo de alguns dos nossos irmãos, o que, certamente, afeta-nos e aflige.*

*Como proceder, afinal, ante o mal que nos ronda, à espera de desunião e rebeldia?*

Logo silenciara, e André assinalou:

— *Não seria desejável que entre nós houvesse a verdadeira fraternidade? Pois é visível como nos olham alguns membros íntimos do nosso próprio grupo, que não escondem a antipatia nem os ressentimentos infelizes de uns contra os outros.*

A madeira <u>crepitava</u>, e de vez em quando fagulhas mais vivas destacavam-se das <u>achas</u> de lenha transformadas em labaredas.

A agradável temperatura unia o grupo interessado, enquanto o rosto do Rabi Galileu pareceu exteriorizar peculiar claridade interior.

Tomando uma pequena parte de galho de árvore em chamas, o Senhor respondeu, suavemente:

— *Para que a chama se mantenha ardente, necessita do oxigênio do ar, pois que a sua ausência evita a combustão. A labareda é mantida enquanto existe o material que lhe constitui fonte de manutenção.*

*Portanto, somente há labareda em razão do ar, seu mantenedor.*

*No campo do comportamento humano sucede o mesmo. Sempre censuramos nos outros aquilo que fazemos, às vezes, sem darmo-nos conta.*

*Estamos convidados à construção do Reino de Deus, no mundo de César, caracterizado pelas paixões animalizantes e os instintos destrutivos que nos atiram uns contra os outros em incessantes combates equivocados.*

*Na visão da Boa-nova, o vencedor nem sempre é aquele que triunfa, mas o que cede, enquanto no jogo dos interesses primitivos a vitória sobre o outro é aparentemente o mais importante. E como há predomínio desse falso poder, inverso às emoções superiores, as criaturas armam-se de defesas e justificativas, ao invés de amar seja qual for a circunstância.*

*Até aqui, o convite dos Céus é feito em relação à conquista pessoal, à roupagem velha dos hábitos, substituindo-a pelos trajes novos da elevação e da liberdade.*

*Ninguém verá o Reino dos Céus enquanto estiver preocupado com os* <u>tropeços</u> *e os desafios do caminho terrestre. Por isso que ele não tem aparência exterior, é qual uma sinfonia que musica a alma em todos os seus passos.*

*A amizade não tem tempo para amadurecer e abençoar as pessoas, porque logo sofre os medos de sentir-se explorada e perdida.*

*A desconfiança e a suspeita, desde há muito residentes nos corações e nas mentes, armam-se e acautelam-se, ao invés de se amarem e se ajudarem.*

*Outros inimigos íntimos comparecem nessa arena, e a inveja experimenta rancor diante da saúde, da alegria e do bem-estar do próximo, envenenando a alma com o despeito e a amargura...*

*Explodem, então, a maledicência e suas ramificações, surgindo o cerco da destruição funesta do outro, que passa a ser inimigo disfarçado mesmo sem dar-se conta.*

*Deus, que reside em nós, como Pai Absoluto e Misericordioso, tenta o despertar da consciência de sono profundo da criatura desacostumada de servir e portadora de reações inesperadas.*

*É natural que assim aconteça porque a pequenez dos sentimentos humanos domina as aspirações morais e teme ser suplantada pela solidariedade.*

*O amigo não é somente aquele que chora conosco, mas o irmão que sorri, que se compraz com as nossas vitórias, com as alegrias do próximo.*

Silenciou, brevemente, a fim de que todos pudessem penetrar o conteúdo delicado das suas palavras e logo prosseguiu:

– *Por algum tempo não haverá lugar para a verdade no coração humano.*

*A inferioridade moral da qual procede dominará o seu comportamento, até quando a irmã dor fragmentar e diluir o egoísmo e o orgulho da inteligência, que compreenderá a necessidade de viver em família e unir-se num todo harmonioso e belo.*

*A existência na Terra impõe natural solidariedade, compreensão e convivência de acordo com as necessidades evolutivas. A crítica perversa, a censura ingrata, geradoras do despeito e da inveja, assim como de outras <u>morbosidades</u> morais, transformar-se-ão em estímulo e ajuda para que todos alcancem as metas elevadas do amor e da legítima fraternidade.*

*Neste momento, e durante longo tempo, serão a astúcia e a insensatez que participarão dos relacionamentos humanos, com o seu caráter destrutivo, ao invés da ternura e da bondade, com os seus objetivos dignificantes.*

*Enquanto isso não ocorrer, cantemos as alegrias do existir e do compreender, exaltando o bem onde e com quem esteja.*

*Compreendamos que os outros, aqueles que não conhecem as bênçãos da Revelação Celeste, jornadeando na ignorância da harmonia interior, sentir-se-ão magoados e não dispõem da coragem de abandonarem os hábitos infelizes, mais facilmente se atirarão em comportamento compatível ao seu estágio de evolução, atenazando aqueles que já estão na rota libertadora.*

*Nunca permitamos espaço ao mal emocional dentro de nós. Todo espelho tem duas faces, assim também os nossos sentimentos. Cuidemos da face que reflete, mas trabalhemos a opaca, a que nada produz, exceto sombras.*

*Quem vive na luz não dispõe de espaço para sombras, e todo aquele que trabalha em favor da verdade não consegue deter-se a examinar as misérias daqueles a quem socorre.*

*Se alguém nos cria embaraços hoje, avancemos e aguardemo-lo a distância, confiando em Deus, nosso Pai Amantíssimo.*

*Dia virá, quando o amor triunfar, os inimigos momentâneos do progresso moral e da evolução desaparecerão, e o Reino de Deus será implantado docemente em todas as vidas.*

*...Sigamos adiante, porque não há tempo para ser desperdiçado em querelas e infantilidades.*

Silenciou e permaneceu integérrimo, escutando o crepitar da madeira em brasa, enquanto a noite avançava no seu ciclo de escuridão.

## 19

# UM ISRAELITA SEM DOLO

Sim, todos ou quase todos estavam informados <u>adredemente</u>...
Uma empresa de tal envergadura fora projetada há milênios com riqueza de detalhes, mediante cuidados especiais e extraordinários, numa visão transcendente do passado assim como do futuro.

Nenhum imprevisto poderia surgir ou deveria criar embaraços no <u>organograma</u> elaborado quase à perfeição.

Não eram poucas as vidas e os Espíritos convocados pela Divindade para a instalação do Reino de Deus nos corações da Humanidade, ainda em processo de <u>primarismo</u> evolutivo.

A fixação das bases desse *reino <u>metafísico</u>* teria que ser fincada na *rocha viva* da Verdade.

...Eles, todos eles haviam sido treinados carinhosamente antes do berço na Espiritualidade, de tal modo que permanecessem levemente adormecidos os tesouros do conhecimento que ressurgiriam no momento adequado como intuição, iluminação ou inspiração superior, permanecendo indefinidamente a guiar-lhes os passos.

Todos sabiam da gravidade do compromisso e aceitaram a tarefa com júbilo e, por essa razão, todos que foram chamados tinham uma impressão especial a respeito do Mestre.

A espera do Messias era algo natural e especial em toda a Israel. O anelo e a devoção em favor da Sua chegada tornavam-se a cada dia mais necessários e expectantes, fazendo crer que até mesmo a Natureza contribuía para que o sucesso logo acontecesse.

A psicosfera da Terra sofrera alteração para melhor, a fim de que a paz e a beleza fossem as <u>auréolas</u> divinas envolvendo o compromisso sublime.

Parece estranho que em alguns momentos eles fossem atormentados pela dúvida ou se perdessem em incertezas, suspeitas injustificadas ante os fatos incomuns que assistiam a miúdo.

Era natural, no entanto, que isso acontecesse, pois que as suas roupagens carnais eram de humanidade com todas as vicissitudes apresentadas pela organização material.

Aqueles se tornaram períodos especiais do calendário em relação a todos que já existiram e que talvez não se repitam mais...

A História informará que foi o dos *bons imperadores*, iniciando-se, conforme o historiador Plutarco, com Otávio Augusto, que viveu em clima de harmonia por toda parte até a morte de Marco Aurélio, em 180 d.C., tendo-se iniciado em 27 a.C.

Nessa larga faixa o mundo viveu a excelência da *Pax Romana*, embora os inevitáveis conflitos nas regiões mais distantes da capital.

Vicejavam leis justas, administração equilibrada, permissão de culto dos deuses de cada província ou região conquistada.

Logo após, iniciou-se a decadência, a derrocada do incomensurável império que foi reduzido às memórias dos seus extraordinários edificadores do passado.

Em razão dessa glória, na denominada fase de ouro de Otávio Augusto, surgiram estetas, cantores e poetas de todos os matizes, sublimação nas artes, na economia e na administração com o respeito às leis estabelecidas e à ordem.

Foi nesse momento, nessa fase grandiosa e pacífica, que Jesus nasceu, culminando os Seus dias grandiosos sob a soberania de Tibério César.

※

Caná era uma vila quase insignificante e pouco habitada próximo a Nazaré, que igualmente era relativamente modesta.

Nazaré, porém, possuía uma sinagoga e ficava geograficamente em meio a estradas que levavam a diversas cidades e regiões.

Nazaré ficava esparramada numa das encostas das montanhas da Galileia, e nada a destacava das demais cidades.

Naqueles dias difíceis, Caná era considerada como um nada quase, a ponto de perguntar-se o *que pode vir de bom de lá*, aliás, como faziam os judeus aos galileus, que eram subestimados por viverem numa região menos opulenta do que outras tetrarquias.

Nessa singela Caná, que se fará cantada em poemas, versos e histórias incomparáveis, nasceu Bartolomeu, também conhecido por Natanael.

Ele se tornou um discípulo de Jesus dos mais estimados.

Bartolomeu é sobrenome hebraico que corresponde a *Filho de Tolmai*, enquanto seu nome, que é Natanael, significa *Deus deu*, ficando, portanto, denominado como *Natanael bar Tolmai*.

Os livros do Novo Testamento referem-se-lhe poucas vezes, porém, o suficiente para saber-se que era de caráter nobre e <u>introspectivo</u>, silencioso como quem busca algo que deseja com afinco e a tal se dedica com <u>acendrado</u> interesse.

Tinha por hábito consultar os *Escritos Sagrados*, o que sempre fazia à sombra das figueiras que lhe cercavam a casa modesta.

O seu relacionamento com Filipe, outro apóstolo de Jesus, era constante e nobre, pois que estavam sempre juntos, quando dialogavam sobre aquela expectativa que a ambos afligia, por isso era um israelita sem <u>dolo</u>...

Naquela época uma voz procedia do deserto conclamando à penitência, pois que o *Reino* estava próximo de ser edificado e o *Messias* já se encontrava na Terra, preparando-o.

João (Yocanaan) fizera-se conhecido pela sua pregação e pelo hábito de batizar aqueles que se arrependiam dos erros e necessitavam de uma nova oportunidade para serem felizes.

A sua voz poderosa e a aparência especial, austera e sem retoques, arrebatavam multidões que tinham sede de paz e vida.

De preferência, fazia-o às margens do Rio Jordão, unindo o povo ante as águas abençoadas e purificadoras.

Ele apresentava os ensinamentos essênios sobre a coragem e a fé, a conduta e a abnegação, a castidade moral e a fidelidade aos deveres, e somente habitariam a Terra os portadores de tais requisitos.

Os dois amigos haviam-no escutado e estavam realmente comovidos com a mensagem que lhes banhava a alma de santas emoções.

Filipe, porém, ouvira antes Jesus e ficara fascinado. Tudo n'Ele era especial e incomum. Suas palavras eram pérolas luminosas que abrilhantavam o coração.

Falou a Natanael a Seu respeito, exatamente quando Ele o convidou a fazer parte do grupo que estava sendo organizado.

— *Vinde, Natanael! Eu vos vi à sombra da figueira meditando...*

E logo acrescentou:

— *Este é um israelita sem dolo.*

A referência especial era de grande magnitude, porquanto não bastava ser israelita e muitos não faziam jus à denominação, em razão do caráter reprochável ou preconceituoso. Era aberto à luz que o clareava interiormente.

Surpreso favoravelmente, ele não pôde negar que havia encontrado o que tanto buscava, Aquele Enviado, Filho do Altíssimo.

Totalmente tocado pela Sua beleza e Mensagem desde aquele momento, entregou-se-Lhe em regime de totalidade.

A partir de então, discreto e diligente, sempre esteve ao lado do amado Rabi.

Viveu com Ele os dias ásperos, as noites frias e angustiantes, as horas decisivas e os horrores em Jerusalém, e, depois da Sua morte na cruz vergonhosa e perversa, fez parte da inolvidável madrugada em que pescavam ao retornarem à Galileia e participara do encantamento do Seu poder, orientando para que lado se deveria atirar as redes...

Igualmente com Filipe participou do encontro dos quinhentos naquela tarde inolvidável em que João falava sobre Ele, e todos O viram, ouviram-nO e choraram de emoção ante as orientações que deram àqueles quinhentos na Galileia formosa e amada, a fim de que saíssem pelo mundo a divulgar a Verdade, oferecendo a própria vida, conforme Ele o fizera.

Nunca, em momento algum, esquecê-lO-ia ou deixaria de cumprir o seu dever de semear a alegria do *Reino* até o instante final, no grandioso testemunho.

A modesta Caná, onde Ele operou o fenômeno com água em sabor de vinho e a tornara famosa pelos tempos do futuro, também o ofereceu à Humanidade como exemplo ímpar de fidelidade e amor.

Afirmam uns que ele foi atirado ao mar em um saco com pedras, outros comentam que ele foi crucificado após pregar na Índia e em diferentes lugares, ensinando a viver-se em liberdade e plenitude.

✺

Como é a vossa fé no Messias?

Mascarais aparências e comportamentos que não condizem com a vossa realidade íntima?

Nestes aflitivos dias de alucinação e criminalidade de todo tipo, deserções vergonhosas e covardes em relação aos compromissos com Jesus, recordai-vos de Natanael e vivei desde agora o Reino de Deus com toda a vossa complexidade e beleza.

Antes de fugir pela porta do nada em busca de coisa nenhuma, recordai-vos de que Jesus vos ama exatamente como sois e espera que vos transformeis em uma carta viva do Seu Evangelho libertador.

Nada vos afaste d'Aquele que é Vida e pão da vida.

Tornai-vos um cristão verdadeiro em quem não haja dolo.

Sede fiéis ao compromisso, vivendo de acordo com os parâmetros da fé libertadora.

## 20

## SEGUE-ME...

Período cruel e <u>asselvajado</u> era aquele, no qual o ódio, como tempestades contínuas, desencadeava revoluções afogadas em sangue e escravidão vergonhosa.

A paisagem humana era caracterizada pela força do poder <u>arbitrário</u> e devastador. A cultura era primária e, mesmo quando as artes embelezavam o mundo, o pranto e a desolação das vidas <u>ceifadas</u> constituíam a sinfonia trágica da <u>vileza</u> e da crueldade.

O ser humano era sempre espólio utilizado para os fins mais hediondos imagináveis.

Na pequena Israel, a dominação romana através da Síria fazia-se implacável, como aliás acontecia em toda parte.

Os povos submetidos ao poder esmagador de Roma, em face da miséria total em que <u>estorcegavam</u>, ensaiavam revoluções que eram <u>desmanteladas</u> com crueldade inimaginável.

O ser humano sempre descobriu formas quase inconcebíveis de afligir o próximo, sem a menor compaixão pela Natureza: vegetal, animal e especialmente humana.

Os instintos, sempre predominando em sua natureza primária e agressiva, tornam-no insensível ao nobre, ao amor, à compaixão...

Os muitos séculos de cultura, de arte e de beleza apenas colocaram as bases do sentimento transcendente nos povos antigos, de forma que, ante os acontecimentos vis, houvesse sinalização de tudo quanto significa progresso e evolução, convidando ao crescimento moral e espiritual. Nada obstante, esses tesouros, que são a glória do passado, demonstram que a superação do amor ao barbarismo logra enternecer as forças da hostilidade e leva a aspirar a harmonia do sentimento elevado.

Naquela região, próximo a Nazaré, a cidade mais importante do conglomerado, havia uma sinagoga singela, mas eficiente para os compromissos que lhe diziam respeito, mantendo acesa a chama da fé e da irrestrita confiança em Deus, sem as complexidades de outras que se emaranhavam em debates inúteis quão perniciosos.

Lamentava-se, desde há bom e significativo tempo, a tragédia que irrompera em Séforis e transformara-se numa inenarrável dor coletiva, como uma guerra em que a crueldade conseguiu suplantar o habitual horror.

A revolução iniciada pelos macabeus foi vencida pelo general Varus e suas três legiões, que, após a vitória, mandaram crucificar dois mil judeus e colocá-los nos dois lados da estrada entre Séforis e Nazaré.

As mortes terríveis não eram imediatas, demorando, às vezes, três dias.

Toda a área permaneceu contaminada pela decomposição cadavérica das vítimas, como represália ao atrevimento dos opositores à dominação romana.

Esse <u>morticínio</u> ocorreu no período da infância de Jesus, que também era <u>vassalo</u> do terrível império.

Assim, toda e qualquer insubordinação dos submissos era punida de forma asselvajada, como advertência a futuros idealistas.

Pairava no ar, naquela ocasião, uma grande expectativa sobre a chegada do Messias para aplacar as dores do país esmagado, conforme relatavam as Escrituras desde há muitos séculos.

O povo, que se acreditava fiel ao Deus Único, cria merecer a libertação terrena do arbitrário poder estrangeiro sobre suas vidas.

No deserto, a voz de João continuava clamando à vivência da Justiça e da Lei, conforme os seus <u>postulados</u> em referência a Deus.

Ele informava que o Reino de Deus estava próximo e que a hora da conquista se aproximava, necessitando que todos estivessem renovados.

A mensagem <u>alvissareira</u> na garganta do homem estranho e poderoso atemorizava uns e fascinava outros, que o ouviam deslumbrados e certos de que alcançariam a <u>almejada</u> liberdade do <u>tacão</u> romano.

Também ele teve ocasião de ouvi-la, assim como ocorreu com Pedro, Tiago, André e João.

Da pequenina e modesta Betsaida de pescadores, muitos aguardavam a hora de ouvir da boca do Messias o chamado para a revolução anelada.

Todos eles eram pescadores, os de lá originários e conhecidos, havendo um relacionamento fraternal muito comum a todos os profissionais que <u>laboram</u> no mesmo mister.

Comentavam os acontecimentos dolorosos e chocantes e encontravam-se a postos sem nem mesmo saberem para quê...

O Batista asseverava não ser o Enviado dos Céus, mas o seu preparador dos caminhos, abrindo as veredas por onde passariam os Seus pés.

Ouvindo-o e comovendo-se, muitos permaneciam em doce expectativa, como se aguardam as dádivas da colheita de bênçãos.

Ficara inesquecível aquele dia em que ele, Filipe, também pescador, tivera ocasião de vê-lO e, deslumbrado, ouvi-lO chamar:

– *Segui-me!*

Fora um chamado vigoroso, sem qualquer dúvida ou equívoco. Não era a voz de um desconhecido, mas o grandioso chamado do Seu Senhor.

– *Eu vos escolhi* – afirmou-lhe. E o timbre de Sua voz penetrou-lhe como se fosse um punhal de luz inapagável na imensidão das suas sombras íntimas.

Ele ficou eletrizado e O seguiu a partir daquele instante sublime.

Esse seu nome era grego, significava *aquele que gosta de cavalos,* e nunca será chamado em hebraico...

Era introspectivo e conhecia as Escrituras, pois que gostava de ler os seus textos luminosos, que o tocavam profundamente.

Ansiava por algo que desconhecia e, ao encontrá-lO, não teve dúvidas, nunca mais O abandonou.

Alguns deles, seus amigos de ofício e de convivência, nele confiaram e, como Judas Iscariotes era o responsável pelas economias do pequeno grupo, ele se transformou no <u>dispensário</u> encarregado de outros compromissos.

Vinculou-se mais aos <u>compatrícios</u> com os quais repartia queixas, aspirações e ansiedades.

Sempre esteve presente nos momentos culminantes do Seu ministério, fosse nas bodas em Caná, em meio à multidão de milhares que O seguiram, desempenhando naquele momento um papel muito importante.

O Mestre estava preocupado com a massa humana que O seguira, e a tarde caía. Os arredores eram desertos e não havia próximo casas de <u>repasto</u> nem outra forma de conseguir-se alimentos, e a mole estava com fome. Passaram as horas acompanhando-O, ouvindo-O, e não se haviam preparado para o largo tempo em que estiveram ao Seu lado.

Jesus chamou-o e falou-lhe que a multidão estava com fome...

Ele ficou aturdido. Nunca havia acontecido nada que se assemelhasse àquele momento. Sempre havia recursos para os atender e aos que se acercavam quando em viagem...

Começou a pensar como seria possível alimentar milhares de bocas sem recursos para adquirir pães e peixes, ou mesmo onde fazê-lo, pois estavam fora da cidade.

O Mestre, sim, deveria saber o que fazer, mas desejava constatar a fé <u>vacilante</u> do discípulo cuidadoso, porém não amadurecido para as situações desafiadoras, especialmente as de caráter imediato.

Ante as dúvidas que o assaltavam, escutou André, que se aproximou acompanhado por um jovem que tinha sete pães e dois peixes...

...O fenômeno único, inesperado e deslumbrante teve lugar.

Ele distendeu as mãos sobre o alimento, que se multiplicou, encheu alguns cestos que apareceram e deu-se a distribuição.

Inspirada alegria tomou conta dele e do povo que se abasteceu <u>estupefato</u>, mais ainda quando sobraram alimentos fartos.

Nunca mais se repetiria o monumental e transcendente fenômeno, que demonstrava o Seu poder sobre as Forças da Natureza, tantas vezes repetido em outras expressões.

No Cenáculo, muito mais tarde, sentiu-se corroído pelo ciúme e comentou com os amigos quem, afinal, seria o mais amado dentre eles.

Aquele seria um período de amargura e testemunho que ele e os demais ignoravam, apesar das advertências e notícias que Ele havia dado.

Na sua humanidade e carinho para com o Mestre, desejava destacar-se do grupo pela afetividade, porém, nada fez de especial para merecer.

O Mestre, que estava sob as horas do testemunho, lavou-lhe e aos demais os pés, explicando que "o maior é sempre aquele se faz o menor".

A inesquecível cena do lava-pés ficaria para sempre na mente e no coração de todos aqueles que tinham algo a ver com Ele.

Servir em nome do amor é o grande desafio, é o começo da revolução no íntimo dos discípulos sinceros.

Essa era a única revolução que Roma e o Templo, com os seus <u>famanazes</u> do mal, não podiam impedir.

As armas da mansidão e da ternura, do amor e do sacrifício são invencíveis no seu poder de <u>persuasão</u>.

Aquela seria a última Páscoa!

Jerusalém <u>regurgitava</u>. Os ânimos estavam exaltados. Havia <u>tricas</u> e intrigas, ódios e maldições em toda parte.

As calúnias bem urdidas incendiaram os corações, e os violentos foram arrebanhados para o grande crime.

Mercenários e baderneiros reunidos crucificaram Jesus.

Apesar disso, Ele ressuscitou, sendo o maior fenômeno histórico da Humanidade, e retornou para continuar a revolução e implantar no reino dos corações as alvíssaras do Paraíso.

Ele saiu, então, como os outros, a cantar a balada de Vida eterna por toda parte, até que o holocausto o atingiu quinze anos após a morte <u>infamante</u> de Tiago, seu grande amigo e companheiro.

Foi apedrejado até a morte e libertou-se das preocupações e de todos os limites.

Até hoje nos parece ouvir na multidão aturdida e ensanguentada a doce voz que chama:

– *Segui-me. Eu vos escolhi!*

## 21

# HOLOCAUSTO DE AMOR

A pequena Caná ficava, como até hoje, próximo a Nazaré, e os residentes de ambas as comunidades tinham vínculos familiares em razão dos matrimônios entre membros do mesmo clã.

Caná tornar-se-ia célebre na História porque ali sucederam fenômenos indescritíveis durante o ministério de Jesus.

Burgo no qual todos se conheciam e participavam praticamente dos mesmos interesses, seu desenvolvimento econômico era reduzido e, porque nas terras da Galileia, desfrutava de clima ameno e das dificuldades da região.

Num matrimônio em que estava Maria, a Santíssima Senhora, pois que fora convidada, fizera-se acompanhar do Filho amado.

A festa prolongava-se e os convidados permaneciam eufóricos, sem preocupação com o tempo e as despesas da família que os hospedava.

Prolongavam-se as alegrias, quando se percebeu que o vinho acabava, o que era um mau presságio.

A preocupação tomou conta dos anfitriões, e Maria, que também tinha ali um irmão, conhecendo os poderes inimagináveis de que era portador o Filho amado, solicitou-Lhe ajuda, explicando a tradição decorrente de tal quando faltava a bebida.

Imperturbável, Ele solicitou que colocassem as bilhas que estavam com água potável diante d'Ele, enquanto a curiosidade geral era despertada.

A ninguém ocorria a ideia do que iria acontecer diante da sua ingênua contemplação.

Num gesto suave e nobre, Ele distendeu os braços com as mãos espalmadas em direção aos vasilhames, um leve palor tomou-Lhe a face incomparável e, diante de todos, a água suavemente adquiriu uma tonalidade especial, semelhante à dos licores servidos.

Houve exclamações de júbilo, e alguém mais apressado, usando um vasilhame, retirou um pouco do líquido e o sorveu, anunciando, entusiasmado:

– *Excelente vinho! Que estranho... melhor do que aquele que vinha sendo servido. Normalmente se oferece o melhor vinho no início, antes da embriaguez. Aqui é diferente: servem-no após todos se haverem quase encharcado...*

O fato estranho, inusitado, tornou-se conhecido de toda a aldeia de imediato, e todos passaram a comentá-lo, enquanto Ele permanecia em serenidade ímpar.

O tempo faria que Caná se tornasse a cidade dos esponsais.

Mas Caná tinha algo mais a oferecer...

Ele era primo de Jesus, pois que seu pai era irmão de José, e Ele conhecia o familiar, porque sua mãe era prima de primeiro grau de Maria, embora sem maiores contatos. Ademais, era também irmão de Tiago, o Menor.

Em as narrativas evangélicas ele comparece poucas vezes, o que não impede que haja sido devotado servidor do Mestre e fiel amigo até além da morte...

É igualmente identificado com outros nomes, tais: Judas Tadeu, Judas Lebeu, e em razão da sua abnegação é <u>cognominado</u> como o *santo das causas difíceis*.

O seu irmão Tiago é <u>intitulado</u> como o Menor para diferenciá-lo do irmão de João, filho de Zebedeu e Salomé.

Ambos, porém, Tiago e Tadeu, eram de devotamento ímpar ao Mestre e provaram do sacrifício da própria vida no martírio a que foram submetidos.

Nas longas e breves jornadas do Mestre pela Galileia e demais regiões, era preocupado em cuidar do Amigo, sempre buscado pelas multidões como pelos adversários religiosos, que tudo faziam para surpreendê-lO em uma contradição ou alguma referência contra César e o Templo, especialmente os fariseus hipócritas.

Terminadas as <u>dissertações</u> incomparáveis e as realizações sublimes realizadas pelo Senhor, Tadeu entregava-se a meditações profundas, tentando entender como seria o Reino dos Céus a que Ele se reportava, bem como encontrar a maneira mais hábil de divulgar os ensinos extraordinários.

Seu coração bondoso exultava de contentamento toda vez em que O ouvia, deslumbrando-se com os seus conhecimentos e a soberania da Sua conduta.

Tinha dificuldade de entender a grandeza do Mestre. Sabia-O um homem de bem, de caráter nobre e <u>impoluto</u>, mas não entendia a Sua grandeza.

A sabedoria com que se comportava, todas as lições que ministrava eram de tal porte que se demorava em reflexões a fim de entendê-las.

Era um homem simples, de poucas aspirações, todavia, nos seus diálogos com Tiago, o irmão querido, perdia-se em pensamentos inabituais.

Jesus era sábio em todos os sentidos, havendo vivido de forma que a Sua conduta era absolutamente igual aos Seus ensinamentos, conseguindo confundir aquelas áspides religiosas que sempre tentavam dificultar-Lhe o ministério.

Tinha uma resposta própria e que ninguém pensara antes quando testado; perseguido, jamais perdia a serenidade, por mais terrível fosse a <u>injunção</u> na qual se encontrasse.

Amava-O com um devotamento e uma ternura infantis, deslumbrado pelos Seus feitos e ditos.

Sinceramente procurava imitá-lO, fazer o que lhe era recomendado pelo Amigo, embora a irritação ante os perseguidores tomasse-lhe conta dos sentimentos uma vez ou outra.

Com o tempo compreendeu que o *Reino* a que se referia nada teria com o mundo material, em face da maneira como se comportava junto àqueles que convidara para a convivência ímpar.

Tudo fora tão rápido! Os acontecimentos tomaram rumos inesperados.

Desde o domingo em que entrara triunfalmente em Jerusalém sob <u>ovação</u> e aplauso geral, como um conquistador <u>inconquistado</u>, tudo se transformou, principalmente após aquela ceia em que Ele lavara os pés dos amigos, em um gesto inesperado, inesquecível.

Terminada a refeição e no Horto que lhe era tão familiar, começara a tragédia <u>inominável</u>.

Os acontecimentos atropelavam-se em desconexão inimaginável.

A <u>sórdida</u> prisão por ordem do Templo, em face da traição de um amigo, seu companheiro, homônimo inclusive, e todos os horrores que tomaram corpo.

Ele fora surpreendido pelas informações desencontradas, pelo súbito desaparecimento de alguns dos companheiros, e conseguiu partir do momento covarde do <u>Pretório</u>, do julgamento arbitrário e do abandono quase absoluto a que Ele fora relegado.

Logo depois, sem que tivesse tempo de raciocinar, porque as notícias eram céleres e fantásticas, fora da realidade, porém sendo a realidade, Ele pôde vê-lO na via dolorosa e soube da tragédia da cruz.

Não sabia explicar por que não se encontrava no Monte da Caveira, onde Ele fora crucificado, pois tudo lhe parecia impossível de ser verdade, de estar acontecendo.

As dores morais que o tomaram após a morte infamante do seu amado Mestre por pouco não o fizeram enlouquecer.

Por isso, quando se dirigia a Emaús, cidadezinha próxima de Jerusalém uns 11 quilômetros, seguia com um companheiro, ambos <u>atoleimados</u> pelos choques morais sofridos, quando aquele Estranho passou a fazer-lhes companhia.

Aquela viagem era o sinal da desintegração do grupo. Cada um já se preparava para retornar às antigas atividades, quando um novo mundo se lhes vai desdobrar, e o Evangelho irá refrigerar as almas e aquecer os corações.

A Ressurreição acontecera e a notícia produziu outro impacto nos seus sentimentos atormentados, duvidosos, cheios de temores.

Como poderia suceder tal acontecimento? Foi nesse mesmo dia que ele e o amigo dirigiram-se a Emaús, e de repente alguém desconhecido acercou-se-lhes e com eles conversava.

Nem sequer O olhou, porque estava algo hebetado, sob conflitos perturbadores...

E o acompanhante lhes falava dos últimos acontecimentos que tiveram lugar, das batalhas que ainda se fariam e de como se instalaria o Reino de Deus nos corações e nas vidas da Humanidade.

Cléofas, que o acompanhava, interrogou o homem e apresentou suas dúvidas, pois que acreditava no reino terrestre, na libertação dos romanos, na <u>vacuidade</u> do corpo transitório.

E Ele respondeu com tal doçura e sabedoria que os surpreendeu e os fascinou até o momento em que, chegando à modesta hospedaria e foram fazer a refeição, viram-nO repartir o pão...

Oh! Surpresa! As chagas estavam à vista, o mistério cedeu lugar ao contentamento, e Ele desapareceu.

Mais aturdidos, retornaram a Jerusalém para apresentar a notícia abençoada do Seu retorno.

Ficaram sabendo, então, do que sucedera muito cedo no sepulcro de José de Arimateia: a Sua Ressurreição.

Nunca mais a dúvida cruel sitiou-lhe o espírito.

Dedicou-se a divulgá-lO por toda parte, a convidar as gentes à meditação em torno da fugacidade da vida física e à eternidade do ser espiritual.

Viajou a terras estranhas e difíceis. Experimentou o opróbrio, a perseguição gratuita, mas nunca tergiversou.

Aquela companhia invulgar tomou-lhe a vida e deu-lhe novo sentido, de forma que veio a oferecê-la ao holocausto, conforme acontecera com os companheiros, ele na Pérsia, sob a rudeza e a impiedade do machado que a ceifou.

Estava com quase 60 anos e deixou pegadas luminosas para todos os anos do futuro...

# 22

# POBRE DE ESPÍRITO

Sem qualquer dúvida, aquela era uma região primitiva. A pobreza, quase miséria, rondava-lhe o humilde <u>casario</u>, e os seus habitantes, agricultores ignorantes e trabalhadores sem recursos, <u>enxameavam</u> por toda parte.

Havia, sim, as áreas prósperas de Cafarnaum, Magdala, Dalmanuta, Tiberíades, porém, as restantes eram aldeias pouco habitadas, amontoados de casas muito modestas e pobreza.

Esses necessitados e humildes constituíam a grande massa, a multidão informe, esfaimada, perdida, de má vida, de pecadores.

A prostituição era um recurso de sobrevivência e <u>comungava</u> com a vadiagem e os crimes.

Arrastados pelas necessidades da sobrevivência, não tinham para onde fugir ou a quem recorrer em busca de auxílio.

Não inspiravam sequer compaixão. Pelo contrário, eram <u>malsinados</u>, <u>escorraçados</u>, <u>execrados</u> em todos os lugares.

Ele escolheu aquela região de solo adusto e ardente, enquanto outras, como a Judeia, repletavam-se de inteligências luminosas e recursos outros de grande valor na sociedade de então.

Havia ali também miséria, por isso a cidade hospedava aqueles que abandonaram os campos improdutivos, os perseguidos e aventureiros à espera de uma oportunidade.

Os seus famosos edifícios destacavam-se junto ou longe do Templo, o mais formoso da época, e o Vale do Sendon separava o formoso Jardim das Oliveiras do restante da cidade encantadora de Jerusalém.

Curiosamente, a Torre Antônia, onde se <u>aquartelavam</u> os soldados romanos, vigiava tudo quanto se passava na intimidade do santuário.

A famosa e bela cidade, no entanto, por sediar os poderes mais importantes do país, era cenário de crimes também hediondos, de ódios incontroláveis, de traições inomináveis.

Tricas e calúnias, traições e infidelidades eram corriqueiras e temíveis, não se encontrando ninguém livre de ser-lhe vítima.

O poder terreno carrega um peso cruel e está sempre em crise de futuros e indignos candidatos que lhe querem <u>usurpar</u> a <u>hegemonia</u>.

A embriaguez do prazer cobra um preço de paz insuportável, a felicidade que apresenta é <u>facécia</u>, mentira embriagadora da ilusão.

Ele era pobre na sua ambição e miserável na sua profissão.

Conseguira ganhar o leilão para ser um infeliz publicano. Os impostos leiloados e por ele adquiridos tornaram-no mais <u>taciturno</u> e desditoso.

Ser publicano era uma trágica forma de viver. Sentia-se condenado por servir ao Império Romano, explorava seus irmãos, caminhava a sós ou com os seus consórcios, vivia odiado.

Muitos, porém, que o detestavam ambicionavam o seu lugar rendoso. São assim os paradoxos humanos. Perseguem-se uns por desejarem o que lhes pertence, fingindo <u>repúdio</u> pela sua conduta.

Roma impunha a cobrança do seu domínio e permitia que o funcionário se beneficiasse de um bom quinhão, dando-lhe apoio e proteção policial.

A maioria, porém, <u>exorbitava</u> no seu dever.

Eram chamados por *gabbai* e *mokhe*. Os *gabbais* tinham direito a cobrar todos os tipos de impostos, desde aqueles mais valiosos como os de menor importância, que eram exigidos pelos *mokhes*. Ainda entre os *mokhes*, havia dois tipos: os que se encarregavam dos quinhões maiores, e os demais, encarregados das ninharias, das coisas mínimas, que não escapavam à vigilância.

Em face desse comportamento, embora o sentimento religioso que nutria, inevitavelmente fugiu de Deus e das Suas Leis, sentindo-se mais infeliz.

Em todo lugar eles se encontravam: nas coletorias, em barracas nas estradas, <u>adulados</u> por <u>bajuladores</u> que também se locupletavam com delações e suas misérias...

Complementando a sua desdita, eram proibidos de entrar nas sinagogas, referir-se às leis testamentárias, a qualquer instrumento de salvação.

Ele era publicano, sim, e estava um dia sentado na sua coletoria reflexionando como de costume, quando o Mestre passou e, vendo-o triste, <u>ensimesmado</u>, olhou-o e chamou com energia: – *Segui-me!*

Ele pareceu despertar, qual se estivesse à espera de algo semelhante.

Não teve qualquer dúvida e, inundado de ternura e vida, seguiu-O, e seguiu-O até o fim...

Era alguém esmagado pelo fardo de que se libertou de uma vez. Sentiu-se viver, talvez pela primeira vez, e um doce alento percorreu-lhe o corpo.

Donde O conhecia? Quem era Ele? Não importava.

Fazia anos que ele lia os livros sagrados, que anunciavam o Messias.

Acabrunhado, vivia só com a esperança remota de ser ou fazer algo que não sabia o que era.

A partir daquele momento, porém, ele o acompanhou discreto e atento aos Seus ensinos, à Sua vida.

De imediato, pôs-se a preparar um banquete para que todos soubessem que ele já não se pertencia. Foram convidados meretrizes, ladrões, gente de má vida, outros publicanos, a escória da cidade.

A festa foi grandiosa a ponto de provocar protestos entre os fariseus, que censuraram Jesus por participar de tal convívio.

– *Por que Ele não preferiu chamar pessoas ditas de bem, de responsabilidade, de outro tipo de caráter?* – perguntaram os fariseus aos Seus.

Embora não soubessem como responder, foram indagar ao Senhor, que os esclareceu:

– *Os doentes são os que necessitam de médico* – e nada mais disse...

Era uma tarde de primavera inolvidável, em um <u>montículo</u> nas cercanias da cidade, e diante de uma multidão interessada Ele ouviu e anotou para sempre o Sermão da Montanha.

As bem-aventuranças escorriam-Lhe dos lábios como <u>sonatas</u> de luz, e a multidão embriagava-se de beleza e alegria:

– *Bem-aventurados os pobres de espírito, porque deles é o Reino dos Céus.*

*Bem-aventurados os que choram, porque eles serão consolados.*

*Bem-aventurados os mansos, porque eles herdarão a terra.*

*Bem-aventurados os que têm fome e sede de justiça, porque eles serão fartos.*

*Bem-aventurados os misericordiosos, porque eles alcançarão misericórdia.*

*Bem-aventurados os limpos de coração, porque eles verão a Deus.*

*Bem-aventurados os pacificadores, porque eles serão chamados filhos de Deus.*

*Bem-aventurados os que têm sido perseguidos por causa da justiça, porque deles é o Reino dos Céus. Bem-aventurados sois, quando vos injuriarem e, mentindo, disserem todo o mal contra vós, por minha causa.*

*Alegrai-vos e exultai, porque é grande o vosso <u>galardão</u> nos Céus; pois assim perseguiram aos profetas que existiram antes de vós (Mateus, 5: 1 a 12).*

Nunca mais se ouviria esta inolvidável sinfonia de bênçãos.

O momento incomparável nunca mais se repetiria e ficaria como o marco do Seu sublime Evangelho.

Mateus, também Levi, apresentou-o ao mundo dos futuros tempos como a mais consoladora mensagem que jamais se escutou.

Quando aquela noite bordou-se de estrelas magníficas, a Sua voz permaneceu abordando os fenômenos e diretrizes, oferecendo resistência e coragem, consolo e alegria para todos os que sofrem, a fim de que possam viver desde já o Reino dos Céus.

O hino de luz e de imortalidade assinalou os tempos de antes e para depois.

Ele se manteve mais fiel e dedicado, procurava apagar-se para que Ele <u>fulgurasse</u>.

A tudo acompanhou com carinho e devotamento, anotando na mente e no coração as mensagens e lições <u>imorredouras</u> de que Ele se tornava objeto.

O Sermão Profético mereceu dedicação total, observação de cada palavra, análise de todo o contexto, significado sobre a posterioridade.

Compreendendo que o fim das atividades se anunciava, mas que a Mensagem demoraria de fixar-se no mundo, observou com acuidade especial as advertências e anúncios sobre o futuro da Humanidade e a estabilidade do Reino de Deus na Terra.

Graças a ele temos esse monumento de informações e preparamo-nos para que os acontecimentos tenham o seu curso, enquanto a reforma da sociedade opera-se dentro dos parâmetros da Sua especial visão.

– *Tendo saído Jesus do Templo* – anunciou com severidade –, *ia-se retirando, quando se chegaram a Ele Seus discípulos para Lhe mostrarem os edifícios do Templo. Mas Ele lhes disse: "Vedes tudo isso? Em verdade vos digo que não ficará aqui pedra sobre pedra, que não seja derribada".*

E logo depois prosseguiu:

– *"Declara-nos quando serão estas coisas, e qual o sinal da Vossa vinda e do fim do mundo?".* Respondeu Jesus: *"Vede que ninguém vos engane, pois muitos virão em meu nome, dizendo: 'Eu sou o Cristo', e enganarão a muitos. Haveis de ouvir falar de guerras e rumores de guerras; olhai, e não vos assusteis; porque é necessário que assim aconteça, mas não é ainda o fim. Pois se levantará nação contra nação, reino contra reino, e haverá fomes e terremotos em diversos lugares; porém, tudo isso é o princípio das dores. Então sereis entregues à tribulação e vos matarão; sereis odiados por todas as nações por causa do meu nome. Nesse tempo muitos hão de se escandalizar e trair-se uns aos outros e uns aos outros se odiarão. Hão de levantar-se falsos profetas e a muitos enganarão. Por se multiplicar a <u>iniquidade</u>, resfriar-se-á o amor da maior parte dos homens (e mulheres). Todavia, quem perseverar até o fim, esse será salvo. Será pregado este Evangelho do reino por todo o mundo, em testemunho a todas as nações, e então virá o fim do mundo".*

Houve uma grande pausa, a fim de que o texto ficasse impresso a fogo naquelas vidas, para logo prosseguir:

— *"Quando, pois, virdes a abominação de desolação <u>predita</u> pelo profeta Daniel, estabelecida no lugar santo (quem lê, entenda), então os que estiverem na Judeia fujam para os montes; o que se achar no <u>eirado</u> não desça a tirar as coisas de sua casa; e o que estiver no campo não volte para tomar a sua capa. Mas ai das grávidas e das que amamentarem naqueles dias! Rogai que a vossa fuga não suceda no inverno, nem no sábado, porque haverá grande tribulação, tal como nunca houve desde o princípio do mundo até agora, nem haverá jamais. Se não se abreviassem aqueles dias, ninguém seria salvo; mas por amor dos escolhidos esses dias serão abreviados. Então, se alguém vos disser: 'Eis aqui o Cristo!', ou 'Ei-lo ali', não acrediteis, porque se hão de levantar falsos Cristos e falsos profetas e mostrarão tais sinais e milagres, e, se fora possível, enganariam até os escolhidos. Vede que de antemão vo-lo tenho declarado"...*

E, por fim, anunciou, após referir-se a outras aflições:

— *"Aparecerá no céu o sinal do Filho do Homem e todas as tribos da terra se hão de lamentar, e verão o Filho do Homem vir sobre as nuvens do céu com poder e grande glória. Ele enviará os Seus anjos com grande trombeta, os quais ajuntarão os escolhidos dos quatro ventos, de uma à outra extremidade dos Céus".*[4]

Tudo quanto Ele anunciou vem acontecendo, desde a destruição do Templo no ano 70 d.C. por Tito, o filho do imperador Vespasiano, até os atuais acontecimentos que <u>entenebrecem</u> a cultura e <u>desgarram</u> a sociedade dos objetivos elevados da sua existência.

---

4. As transcrições evangélicas foram extraídas de O Novo Testamento (Sociedade Bíblica Unidas), Londres, New York e Rio de Janeiro (nota da autora espiritual).

Tal profecia é o coroamento da Canção da Montanha, a auréola de luz e sacrifícios para a conquista do Reino de Paz.

Ele também se chamava Levi.

Depois da morte e ressurreição de Jesus, ele saiu a narrar tudo quanto ouviu e acompanhou, a Sua inigualável Vida sobre a glória do Reino de Deus no mundo.

– *Vinde!*

Continuou o chamado no imo do apóstolo, e ele se tornou o primeiro narrador dos Seus ditos e dos Seus feitos.

Nunca se esqueceu do banquete que ofereceu aos seus pares, na noite em que foi convidado para segui-lO.

Ainda hoje baila uma voz no ar chamando:

– *Vinde!*

Ele foi queimado vivo, e prossegue até hoje evocando aquele momento definidor da sua imortalidade.

# 23

# A PLANÍCIE HUMANA

O planalto, metaforicamente, representa a grandeza da paisagem onde a Natureza se alonga a perder-se de vista.

É o desafio, a solidão com Deus e a <u>soledade</u> consigo mesmo.

Contemplado, deslumbra e atrai com o mágico poder de serem vencidas as dificuldades próprias para galgá-lo.

A luz vem do alto e as nascentes poderosas surgem nas montanhas, e logo descem abençoadas pelos afluentes ricos de vitalidade e adubo que arrasta no seu movimento.

As suas bordas cantam doces melodias nas <u>borbulhas</u> que brilham iridescentes sob a carícia do sol.

O verdejante colorido da paisagem irrigada mescla-se com as flores miúdas que gargalham pólen e perfume.

No alto, embora o vento que sopra cantando, busca-se a presença de Deus, enquanto um leque de plumas invisíveis varre a Natureza áspera e modifica-lhe os contornos, diminuindo e aplainando os picos ameaçadores.

Nas cumeadas, o encanto da meditação, em silêncios especiais, entrecortado pelo festival de pedras deslumbrantes.

Na planície, ao contrário, o lixo avoluma-se, o lodo ameaça, a matéria decompõe-se.

Em cima a vida natural e profunda, em baixo a sombra e a morte em cantilena triste.

A multidão avoluma-se nas baixadas, e as lutas das <u>facções</u> apaixonadas agridem-se em espetáculo vergonhoso.

Nas baixadas, a escuridão, a dor, a vergonha, o monturo...

A claridade abençoa o <u>acume</u> da rocha e liberta da treva dominante.

O Tabor ensejou a Jesus a <u>transfiguração</u> diante dos pais da raça e dos discípulos simplórios, que se extasiaram na glória estelar em que esteve envolvido.

Logo abaixo, a Planície de Esdrelon e as dores humanas, a criança epiléptica, as lutas mesquinhas da inveja, da maldade, da perseguição.

No cimo da montanha, a união com Deus; na sua baixada, o socorro às misérias humanas, aos vícios, às disputas malsãs...

O mar é a grande joia líquida da Galileia, onde a vida <u>piscosa</u> nas suas águas estua abundante.

Nas suas praias formosas, as ondas agitam-se e os vegetais confraternizam na areia de pedras miúdas e reluzentes pelo constante banho.

Cafarnaum esplendia debruçada sobre o mar, diminuindo as áreas ressequidas a distância.

Crianças brincavam nas praias, barcos repousavam presos, sacudidos pela brisa, havia alvoroço e bulha nos pescadores, negociantes e desocupados.

Jesus amava a região daqueles homens e mulheres do mar.

Suas canções e sonhos, ambições e lutas eram sempre uma repetição do que haviam feito os seus antepassados, desde quando ali chegaram e instalaram-se as primeiras comunidades.

Relativamente pobre, a cidade era também um entroncamento de caminhos e estava sempre referta de *estrangeiros* e negociantes apressados.

Naquela região, portanto, entre os humildes e deserdados, Ele cantou os mais lindos poemas da sinfonia do Evangelho.

Consolou os deserdados de quaisquer bens, conviveu com a ralé, embora atendesse também os transitoriamente poderosos, porque o amor nunca <u>exime</u> e é uma brisa refrescante que sopra em todas as direções.

Onde se homizie a dor, seja qual for o padecimento, o bálsamo da esperança e do conforto surge milagrosamente em nome do Pai Amantíssimo, porque ninguém se encontra fora da Sua Misericórdia.

Belas páginas de luz eram sempre apresentadas ao cair das tardes ante os grupos que se reuniam para ouvi-lO.

Na planície das criaturas misturavam-se os <u>dialetos</u> variados dos seus <u>transeuntes</u> e negócios rápidos eram efetuados continuamente.

As notícias da Sua bondade corriam de boca a boca, irritando os usurpadores e exploradores locais, atraindo principalmente a ira e a hipocrisia farisaica, que a tudo pretendia dominar.

Jesus, porém, era invencível. Nada temia, embora tudo e todos respeitasse.

As moedas de prata cintilavam nas burras e bolsas variadas: dracmas, sestércios, estáteres, denários e outras estrangeiras...

Ele se contentava apenas com o essencial para manter-se e ao grupo que o acompanhava. E, para tanto, não faltavam almas queridas, como a mulher de Cusa, Joana, Suzana e outras que ofereciam os recursos para que o ministério prosseguisse derrubando barreiras e preparando o Reino de Deus, que um dia chegaria à Terra.

O povo, sempre o povo sofrido, tentava sobreviver e era muito grande o número de miseráveis...

O inverno ainda não chegara, e a sua fama já se fazia perturbadora e comentada pela região e nas outras tetrarquias, nas ruas e nas sinagogas.

Ele era diferente. Jamais qualquer profeta O igualara antes ou depois.

Tudo n'Ele era especial.

Havia nas Suas palavras um imenso amor para com os infelizes de qualquer jaez.

Ele, sem dúvida, preferia-os, por isso estava sempre ao seu lado, onde quer que se encontrassem.

Seu toque mágico renovava-os, Seu sorriso suave e gentil sempre os acolhia.

Ele náo compactuava com a governança arbitrária nem com algumas das tradições que humilhavam as mulheres e amesquinhavam os homens.

Onde quer que a dor atormentasse, Ele surgia como uma estrela em noite escura e alterava o quadro do desespero.

Era amado pelos detestados e odiado pelos exploradores da população.

Todos enunciavam o Seu nome com respeito, enquanto outros O detestavam por acharem que Ele os relegava ao abandono...

Como o atendimento aos enfermos era incessante, e os resultados, surpreendentes, os Seus inimigos multiplicavam-se na razão direta das bênçãos que esparzia.

Ainda hoje é assim. Com algumas variações, a sociedade enferma predomina nas paisagens terrestres, lutando para manter-se vitoriosa...

O mal vigia e espreita, enquanto o bem afaga e envolve.

※

Porque não O pudessem surpreender em qualquer falha, caluniavam-nO e tentavam perturbar-Lhe o ministério.

Do Velho Testamento retiravam textos para acusá-lO, como *demônio, Belzebu, enviado de Satã*, insinuando que as Suas ações eram por estes praticadas, como se o mal pudesse produzir o bem.

Ante a impossibilidade de imitá-lO ou de agir conforme Ele o fazia, malsinavam-nO.

Mas Ele prosseguia impertérrito, planando acima das pequenezes humanas.

Suas mensagens eram claridades divinas e Suas curas em toda parte eram a esperança de paz em todo lugar.

Em consequência, os Seus inimigos formavam conciliábulos para acusá-lO às autoridades, prendê-lO, organizando armadilhas perversas para subjugá-lO, inutilmente, pois que ainda não havia chegado a Sua hora.

Após haver explicado o Seu poder ante os Espíritos do mal, espalharam calúnias e mentiras em torno da Sua missão, informando que Ele pretendia derrubar o governo <u>dissoluto</u> e vencer César, o dominador perverso.

Ditos não enunciados eram divulgados, e numa daquelas oportunidades, após o banquete de luz e vida, Ele disse aos amigos em doce colóquio que estava chegando o momento da Sua partida.

Os amigos entristeceram-se, mas a Sua voz ainda continuaria por algum tempo erguendo a Humanidade ao planalto da fé, na montanha da autoiluminação.

Ainda hoje a planície tumultuada ameaça o planalto da Verdade.

Jesus constantemente saía da planície perversa para conviver com Deus no planalto do silêncio, no jejum e na meditação.

Jamais se desvinculou da soledade com o Pai, a fim de amar todas as criaturas com ternura e compaixão.

No longe dos tempos, os servidores da planície desrespeitaram os Seus códigos de bondade, conspurcaram Suas palavras, macularam Suas lições, buscaram a ostentação e viveram na criminalidade, olvidados dos Seus exemplos.

Mas Ele não os condenou, não os abandonou, não os execrou.

Levado para guerras hediondas e conquistas mentirosas de temporalidade, vem tornando corações de pedra em vibrações de carinho e força de coragem para a vitória sobre os escombros a que se reduziram.

Não O olvideis nunca.

Silencia, quando não possais falar, mas exalai compaixão e devotamento em direção de todas as criaturas.

Longe ou perto, senti-lO-eis e revivê-lO-eis na paisagem erma de todos os seres.

Há <u>lamúrias</u> e aflições, loucura e lutas odientas, como herança infeliz das gerações transatas por onde avançastes.

Acima de tudo, porém, paira a figura incomparável do Mestre convidando-vos ao Seu regaço no Seu Reino.

O planalto soberano e glorioso e a planície dos seres humanos inquietos.

## 24

# FILHO DO REI

O turbilhão dos conflitos ia-se avolumando...
Por mais Ele recomendasse aos que eram curados que se mantivessem discretos após a recuperação, o entusiasmo tomava-lhes conta e, após informarem aos sacerdotes que deveriam voltar ao *Livro da Vida,* pois que estavam saudáveis, anunciavam em altos brados a bênção do fenômeno de que foram objeto.

Inevitavelmente, quando chegava a qualquer lugar, a fama precedia-O, e para lá acorriam os portadores de todos os tipos de enfermidade, formando a multidão dos que foram expulsos das residências e viviam na mendicância.

As doenças da alma, aquelas que são a causa das demais distonias do corpo e da psique, são um fenômeno corriqueiro, mediante o qual a saúde integral é buscada através do resgate imposto pela vida, corrigindo os deslizes das existências pregressas.

Israel, como qualquer outra nação, padecia a injunção dolorosa dos seus cidadãos que incorriam no erro e no crime, na luxúria e na corrupção, razões pelas quais as dores eram lancinantes e multiplicadas em toda parte.

Ele era a paz imensa do coração e a saúde integral, como decorrência da Sua pulcritude.

Nada obstante, é paradoxal o ódio e o rancor que Ele inspirava nos exploradores e administradores infames que optaram por persegui-lO.

Ele representava-lhes a <u>corrigenda</u> para as lamentáveis ocorrências criminosas nas quais se <u>refestelavam</u> através da perda da consciência do bem e da conduta da compaixão.

Tempos houve que em Jerusalém, num período da Páscoa, chegou a haver quase 100 mil miseráveis pelas suas avenidas, praças e arredores do Templo, chegados de toda parte do império.

Nesse lamaçal de natureza espiritual, aqueles que se lhes não igualavam eram malvistos e <u>atenazados</u>.

Sacerdotes indignos e fariseus hipócritas disputavam o poder, fixos no mesmo ideal de ódio aos romanos, desejando a chegada do Messias, para eles sanguinário, que deveria expulsar do seu solo abençoado o perverso estrangeiro que os vigiava e explorava até a última gota de suor.

Falsos observadores das leis, adulteravam-na, malsinavam-na e corrompiam-na, vigiando as vítimas naturais para explorá-las até a exaustão.

Israel era um país sofredor, e o seu, um povo em permanente padecimento.

Em Jerusalém, as intrigas eram permanentes, e as lutas pessoais, uma contínua batalha.

O Templo parecia vigiado pela Torre Antônia, construída próximo, onde se aquartelavam as legiões terríveis.

⚜

Nas províncias as perseguições não eram menores. Onde se encontra a criatura humana aí estão as suas paixões, suas misérias e grandezas.

Naquele período, após a transfiguração que confirmava a Sua procedência divina, o cerco dos maus tornava-se quase insuportável.

Ele amava as aldeias simplórias, onde a pobreza era indisfarçável, e compadecia-se daquele povo, que era vítima das circunstâncias da Natureza, especialmente das chuvas, para a sementeira e o futuro pão de cada dia.

A situação, no entanto, era alarmante, porque a seca obrigava os camponeses ao abandono e à busca dos burgos maiores, onde talvez houvesse oportunidades de sobrevivência.

Ainda pairavam no ar os comentários a respeito da cura do <u>epiléptico</u> do qual fora retirado um *Espírito imundo,* e seguiram a Cafarnaum em longa jornada.

Logo chegaram à cidade, e os cobradores de impostos interrogaram a Pedro: – *Não paga vosso Mestre as duas dracmas?*

Surpreso, o amigo respondeu convicto: – *Paga!*

Quando Pedro, porém, entrou em casa, antes que falasse, Jesus perguntou-lhe: – *Que vos parece, Simão? De quem recebem os reis da terra tributo ou impostos? De vossos filhos ou dos estranhos?*

Respondeu o amigo: – *Dos estranhos.*

Logo, concluiu Jesus mesmo: – *Desse modo, são isentos os filhos.*

E prosseguiu: – *Mas para que os não escandalizemos, ide ao mar, lançai o anzol, e o primeiro peixe que subir, retirai-o e, abrindo-lhe a boca, achareis um estáter.*[5] *Tomai-o e entregai-lhes por mim e por vós.*[6]

Ele era Filho do Rei Solar e estava isento do imposto *dos vivos*. No entanto, não desejava causar desentendimento, assim obedecendo aos códigos legais, mesmo quando injustos.

Não vivendo de um trabalho remunerado, já que se encontrava totalmente entregue ao ministério de reunir as ovelhas esparramadas e formar um rebanho, não dispunha das moedas que se faziam necessárias para cumprir a obrigação de cidadania.

Observe-se que Jesus vivia em uma sociedade injusta, caracterizada pela exploração das massas e os absurdos impostos pelo poder dominante.

Se, entretanto, detivermo-nos a fazer uma análise mais profunda do ensinamento do texto, veremos que o mar é a multidão, o peixe é a criatura humana e sua boca, na qual está a moeda, é o poder de divulgar a missão de que Ele se fizera portador por espontânea vontade.

Mais tarde, após a Ressurreição, Ele convocará as criaturas humanas a conquistarem o mar da Humanidade e, com o verbo em luz, ajudar a sociedade a redimir-se, galgando os degraus da evolução.

---

5. Estáter: moeda que correspondia a duas dracmas, cada qual valendo US$ 1,16 ou o pagamento por um dia de trabalho.
6. Mateus, 17: 24 a 27 (notas da autora espiritual).

Até hoje ainda seguem os *estáteres* da palavra libertadora sendo oferecidos aos poderosos de mentira no tribunal das suas governanças.

Impostos e proibições, conjurações perversas e traições inconfessáveis rondam e tentam envolver aqueles que seguem o Filho do Rei, que prossegue no messianato em favor da era do amor incondicional e da plenitude.

Assim, deixai-vos banhar pelas clarinadas de luz do Amor inefável do Mestre e cantai a incomparável melodia do Evangelho, tornando a existência na Terra uma oportunidade de redenção impostergável.

# 25

# LÁZARO SEMPRE VIVO

Após a recuperação de Lázaro, arrancado do sono <u>cataléptico</u> em que se demorava, a sua existência tornou-se especial objeto de comentários os mais variados.

O lar afetuoso em Betânia tornou-se lugar de visitas de toda ordem.

Os três irmãos e fiéis amigos de Jesus passaram a ser motivo de referências variadas, incluindo, naturalmente, as maliciosas, as de natureza perturbadora.

Jesus amava aqueles companheiros especiais, e o lar deles, mais de uma vez, recebeu a presença do Divino Mestre e dos Seus discípulos, nas diversas vezes em que viajaram da Galileia a Jerusalém.

Betânia é uma cidadezinha próximo de Jerusalém, a três quilômetros, no lado leste de Jerusalém Antiga e do Monte das Oliveiras.

Uma das casas que ainda existem é considerada aquela a que nos referimos, com mais de dois mil anos, sendo, portanto, muito antiga, e que teria sido a residência dos dedicados discípulos do Evangelho.

Seu nome, Betânia, originado do hebraico, tem vários significados, entre os quais *lugar dos figos verdes, casa dos pobres, casa de Ananias.*

Diz a tradição que os irmãos eram de ascendência judia, e que, quando os seus pais morreram, Lázaro já estava na idade adulta e encarregou-se de proteger suas irmãs e zelar pela integridade da família.

Dóceis e amáveis, conheceram Jesus e, desde o primeiro momento, amaram-nO com ternura e embevecimento ímpares.

Suas vidas passaram à posteridade, após o monumental fenômeno da denominada ressurreição, porquanto fora vítima do anjo da morte...

Todos desejavam saber como se sentira naqueles dias em que jazera morto e como se encontrava ao retornar à vida.

A princípio, era uma curiosidade em torno do fenômeno que demonstrava o poder do Nazareno, que, embora informado do funesto acontecimento, permaneceu por mais três dias onde se encontrava.

Com a sucessão dos dias, os fariseus inclementes passaram a atacar o recuperado, informando que Jesus o trouxera de volta à vida física por intermédio de Satanás, por cuja influência realizava os misteres transcendentes da Sua ímpar existência.

❧

Aproximavam-se os dias dolorosos do martírio...
O Mestre referira-se com toda clareza a respeito da Sua morte e traição de um dos amigos.

Estavam próximas as comemorações da Páscoa e em toda parte havia inquietação festiva sobre a visita *sagrada* ao Templo em Jerusalém.

Também o Mestre e Seus discípulos estavam a caminho desde a Galileia querida à *Cidade Santa*.

A casinha de Betânia estava no roteiro da viagem e, em consequência, os irmãos diligentes preparavam-se para receber os amigos.

Pelas estradas que conduziam à capital sucediam-se as caravanas procedentes não apenas do país, como de outros que pretendiam cumprir o grave compromisso. Nessas ocasiões Jerusalém quase multiplicava o número de pessoas dentro dos seus muros e ao redor, nos lugarejos próximos.

Com a chegada de Jesus a Betânia, a cidade encontrava-se em júbilos de muitos e conflitos de outros.

Os fariseus pensavam em uma forma de denunciá-lO às autoridades e prendê-lO para depois O assassinarem.

Na intimidade doméstica, os irmãos cuidavam de todos os detalhes para a hospedagem do Amigo e dos Seus companheiros.

Maria era a mais jovem dos irmãos, portanto, mais sonhadora, e se fascinara pelo Benfeitor Divino e Suas lições de amor e liberdade espiritual.

Procurara ajudar Marta nos cuidados alimentares para todos e nas áreas para o repouso dos viajantes. Quando o Bem-aventurado chegou e pôs-se a falar no alpendre próximo à sala de refeições, ela se aproximou e ali, contemplando-O, ouvindo-O, permaneceu, deslumbrada com Ele.

As palavras, como ondas luminosas, brotavam-Lhe dos lábios em poemas de rara beleza, que penetravam a alma e a dulcificavam.

Maria absorvia o encanto que tomava conta do ambiente, enquanto Marta, sua irmã, mais preocupada com os deveres de anfitrioa, corria de um para o outro lado, a fim de que tudo transcorresse da melhor maneira possível.

Nesse ínterim, vendo a jovem irmã entre os visitantes e ouvindo-O sem a preocupação de cuidar dos seus deveres domésticos, sugeriu: – *Senhor, mandai que Maria venha ajudar-me nas questões domésticas volumosas.*

Ele, então, docemente e com um leve sorriso, respondeu-lhe: – *Marta, Marta, Maria escolheu a melhor parte, aquela que não lhe será tirada...*

Tudo quanto diz respeito ao mundo, suas preocupações e zelos, seus apegos e retenções, seus interesses materiais e injunções, são, sem dúvida, transitórios, portanto, de valor secundário ante a realidade das questões espirituais, dos compromissos imortalistas, porquanto estes permanecerão tempos longos auxiliando o ser na conquista do Reino de Deus.

No dia seguinte, o Mestre rumou a Jerusalém: a ovelha na direção do matadouro...

No calendário terrestre, o tempo avançou inclemente e devorador.

Passaram-se os anos.

Os irmãos continuaram fiéis a Jesus, mesmo após a tragédia do Calvário, a Sua volta ao rebanho e Suas sublimes lições de vida imortal.

Todos envelheceram, e Lázaro, que tivera a experiência da *morte aparente* e voltou para confirmar a perenidade da Vida, adoeceu, e o corpo cansado, após lutas infatigáveis e sofrimentos que lhe foram impostos pelos inimigos do bem, estava nos momentos finais...

Automaticamente, passaram-lhe pela memória as cenas inesquecíveis da sua convivência com Jesus, em particular aquela que o imortalizou, porque o trouxe de volta ao mundo físico com os mesmos mecanismos existenciais que possuía antes do severo fenômeno.

Ao lado, as irmãs chorosas e alguns amigos mais chegados ao coração.

Subitamente, enquanto a Natureza cantava hinos de sol e bênçãos de Vida em toda parte, ele passou a ver algumas antigas paisagens, especialmente aquela na qual ocorreu a catalepsia.

Na ocasião, nada sentira, exceto um desmaio demorado e a alegria inefável do retorno dentro do túmulo em sombras.

Agora parecia estar próximo às águas do mar em Cafarnaum, vendo-as brilharem ante a glória da luz, e de repente, flutuando sobre as pequenas ondas, avançava a figura do Mestre amado de braços distendidos na sua direção.

Não teve dúvida em correr sobre as águas até o momento do encontro, quando ouviu a inolvidável palavra que lhe chegou ao coração como a felicidade em si mesma:

— *Lázaro, já atravessastes a* porta estreita. *Repousai para despertares no meu Reino.*

Todo o corpo fremiu no leito macio, e a respiração parou.

Lázaro prosseguiu sempre vivo...

# 26

# O VALE DOS LÍRIOS

Transcorreram quase dez anos desde aquela decisão de profundo significado para a sua existência.

A sua foi a mais acertada escolha a fim de prosseguir a serviço do Senhor no deserto dos corações, onde teria que edificar um oásis de bênçãos para viver e abrir espaços luminosos para outras vidas.

Naquela manhã *soleada* diante do mar e retida pelo grupo de sofredores que haviam chegado de longes terras, em uma viagem exaustiva e penosa, marcados pela doença voraz e inimiga, sentiu haver encontrado a família que, aliás, realmente nunca recordara de haver tido.

Sempre fora solitária desde os dias da infância e da juventude até aquela ocasião. Suas horas felizes haviam sido aquelas quando experimentava a convivência com Jesus, a partir do momento em que O conhecera. Mas ali, no grupo devotado, nunca estivera fora dos espículos da perseguição e da incompreensão dos outros.

Onde quer que estivesse, fosse na choupana modesta da mocidade, no palacete de Magdala e agora, uma dorida solidão crivava-lhe a alma de angústias e medos.

Consideravam-na uma pervertida vulgar, destruidora de lares, possuidora.

*Mulher-ninguém*, era detestada enquanto buscada para a luxúria e a degradação. Nem sequer era vista como alguém, especialmente durante pouco tempo, quando tentou mudar de comportamento, sair do abismo escuro e lodacento das paixões vis para a chamada vida normal.

A beleza facilitava-lhe sob um aspecto, enquanto noutro a enxovalhava.

A verdade é que sempre temia a morte por apedrejamento que a lei lhe imputava. Bebia a taça do prazer até perder a lucidez, para fugir à fatalidade que a aguardava um dia, que se tornaria cruel e definitivo.

Tremia somente de imaginar as dores que seriam impostas até o momento misericordioso da morte.

Por isso, procurava ser distinguida, destacada, protegida pelos amantes impiedosos que a magoavam depois.

Ela sempre pensou nessa urdidura das mulheres desiludidas.

Sucede, no entanto, que antes não conhecia o vale dos leprosos, dos imundos, dos vivos-mortos a caminho da morte total...

Naquela manhã já distante, todos que O acompanhavam abandonaram-na. Mesmo com eles sempre se sentira desamada, aceita com constrangimento, suportada...

Mas aqueles que ali estavam com ela na praia, estranhos e sofridos, aceitaram-na, ouviram-na falar sobre Ele e tiveram-na em consideração.

Assim, aceitara vir com o grupo para o vale...

As lutas, as aflições foram indescritíveis, e não poucas vezes pensou em fugir... Para onde, porém? Especialmente depois daqueles sinais aterradores, quando se descobrira contagiada, igual a eles.

Lembrava-se de que, ao dar-se conta dos tecidos orgânicos apodrecidos no corpo, no momento em que o constatara, pareceu ouvir alguém dizer-lhe:

– *O que tínheis internamente agora sai como flores semimortas da sepultura em que se encontram em busca da purificação.*

Vagarosamente, percebeu-se em degeneração física, enquanto se sentia intimamente melhor.

Passou a senti-lO, a perceber-Lhe a presença quando envolvida em ternura pelos irmãos leprosos, enquanto se lhes doava mais.

Era, no entanto, a mesma Miriam de Migdol, agora mais bem lapidada.

Caminhava pelo vale sem afastar-se daqueles primeiros amigos, alguns dos quais viu diluir-se na morte, procurando confortar os mais desesperados, aqueles que se entregavam à revolta e à angústia apavorados ante a desencarnação próxima.

Cada vida é uma história, uma narrativa desesperadora, uma desconstrução da existência física.

Certo dia estava atendendo um paciente em maior degradação orgânica do que ela e que lhe inspirava peculiar compaixão. Era um amontoado de matéria pútrida, e o rosto deformado era uma terrível máscara. A fala roufenha, difícil de ser expressa, e o odor insuportável quase a fizeram afastar-se, mas ela se sentiu estranhamente atraída.

Com dificuldade, ele se contorcia nos estertores da morte... Dominado pelas lágrimas e pelo desespero, referiu-se à vida que levara quando foi acometido pela fatalidade da doença.

Era de ascendência grega em Magdala e fora senhor de expressiva fortuna, que se evaporara a partir daquele momento inditoso. Sua vila era famosa pelas extravagâncias festivas que atraíam convidados especiais, mas também frequentava o palacete da pecadora.

O colóquio dos dois foi inevitável, e ela descobriu que ele fora seu cliente entre os mais cobiçosos, em razão da fortuna que possuía.

Naquela ocasião, a cidade, com o seu aspecto arquitetônico grego, era um constante prazer.

A sua vila famosa era o palácio do gozo, da degradação moral do luxo e da miséria humana.

Protegida por Próculo, o senador da República, sentia-se segura, sem prever que qualquer mudança na capital, qual aconteceu pouco tempo depois, seria também o risco da sua ruína...

O poderoso judeu Arquelau ben David era a representação pessoal de César, seu amigo e benfeitor.

Ele se acercou e passou a fazer parte da sua corte de devassidão.

Disputada, cobrava altas somas pelas carícias, enquanto sonhava ser levada a Roma, onde pensava encontrar a felicidade e ver-se livre do apedrejamento.

Subitamente ele desapareceu do círculo festivo, após anunciada viagem às Gálias, onde possuía propriedades, e nunca mais retornou à região, pelo menos que se soubesse...

Sumiu de todos e de tudo. Agora ela compreendia que fora a lepra a responsável pelo seu desaparecimento, o que era comum.

A desgraça da enfermidade corroeu-lhe as abas das narinas, as orelhas alongaram-se e abriram-se em feridas, a face era uma pústula e o corpo <u>encarquilhado</u> era de um aspecto horrendo.

Ei-lo, ali, desgastado quanto ela, e o semimorto, sem a conhecer, confessou-lhe vezes várias em convulsivo pranto.

Narrou-lhe como enriquecera por meio da ilicitude e do crime, arrependido e asqueroso.

Expôs-lhe os crimes que cometera, os planos para conseguir a governança da cidade e o horror quando percebeu que estava contaminado. Planejara fugir e o fizera, mas a enfermidade andava-lhe à frente e o deformava, embora não desejasse morrer.

Desaparecera do mundo, decompondo-se no mundo.

Desde que o encontrou, falou-lhe de Jesus, da Sua vida, dos Seus exemplos, omitindo a própria atormentada existência.

Ela transferiu-lhe agora todo o amor de que era capaz, confortou-o, falou-lhe da expectativa de um dia retornar em outro corpo com outros conceitos, agora que se libertava da pugna pelo sofrimento. Ela pôde explicar-lhe que Jesus ensinara que é nascendo de novo que se alcança o Reino do Céu.

...E o viu partir serenamente.

Aquele era o vale dos imundos, onde as lamentáveis purificações ocorriam para darem lugar ao nascimento dos vales da beleza e da paz.

Assim eram os dias e as noites da antiga *vendedora de ilusões*.

Agora estava alquebrada, quase sem qualquer vitalidade, possuindo, no entanto, uma visão quase sublime a respeito da vida e dos seus objetivos.

À medida que o corpo se depurava, o Espírito ascendia na escala do amor, e os sentimentos transcendiam quaisquer expressões do seu passado próximo.

Quantas vezes se recordara das *forças demoníacas* que antes a subjugavam, esmagando-lhe a juventude e levando-a aos paroxismos da loucura.

Fora tida como endemoniada antes de encontrar Jesus, dominada por algozes, quando entrava em transe e permanecia quase morta, vencida pelos adversários espirituais que a consumiam.

Numa noite inesquecível na casa de Simão Pedro Jesus a libertara.

Todos estavam na sala ouvindo-O.

Desde a véspera ela pressentia-os, porque todo o seu corpo fremia em contínuas e leves convulsões. Ela aprendera com o tempo que aquilo significava o domínio de Satanás.

Naquela oportunidade, lembrava-se pouco, percebeu-se agitada enquanto Ele falava sobre a morte, que é vida, e ela foi acometida do surto desnorteador.

Soube-o depois, quando lhe contaram.

Nunca mais vivenciou qualquer outro dessa natureza.

Nesta reflexão, mais uma das inúmeras que vivia a fazer no vale, definiu-se por visitar a Mãe Santíssima, em Éfeso, porque a desencarnação já se lhe fazia parte das últimas resistências.

Já nada quase mais restava da mulher que enlouquecia a clientela e era vítima dos *demônios* que periodicamente a desnorteavam.

Preparou-se, despediu-se dos amigos e, com o coração exultante, começou a imensa jornada para ver a Mãe Santíssima antes de realizar a viagem de libertação carnal.

Para trás ficara o *vale dos imundos*, em cujo solo começaram a brotar os <u>alvíssimos</u> lírios da redenção humana.

# 27

# NA ESTRADA DE EMAÚS

Emaús, também conhecida como Nicópolis, era uma pequena cidade a oeste de Jerusalém, entre a Judeia e o Vale de Ayalon. Tornou-se famosa pelas suas águas quentes, que tornavam o lugar um encanto para o repouso.

Aquele era um dia formoso.

Desde o amanhecer que o rosto pálido da alvorada cantava luminoso em festa.

Embora fosse o período de ardência e de súbitas tempestades, para eles a noite fora de angústia, coberta por um céu nebuloso, pelo muito dorido que estavam suas almas. Agora se banhavam de suaves esperanças.

À medida que se afastavam de Jerusalém enfurecida em face dos lamentáveis acontecimentos da véspera, respiravam mais aliviados.

Era iminente a necessidade de realizarem aquela viagem assinalada desde antes.

Nas suas mentes aturdidas bailavam interrogações que não poderiam ser respondidas de imediato.

Era o primeiro dia da semana, e os dois viajantes dialogavam a meia-voz, como se receassem ser ouvidos.

Os seus semblantes estavam carregados de uma tristeza desconcertante, dando-lhes um aspecto taciturno.

Dirigiam-se a Emaús, numa distância de quase 30 quilômetros. A conversação entre eles era apaixonante, porque de vez em quando debatiam em lágrimas e em exaltação.

Num trecho do caminho, quase desapercebido deles se aproximou um estranho que, de imediato, participou do debate.

Surpreendeu-os porque estava a par da conversação a que se entregavam e, ao fazê-lo, transmitiu entusiasmo com a sua voz branda e lúcida.

Perguntou-lhes de início sobre o que falavam.

A pergunta surpreendeu-os porque supunham que os dramas vividos ainda não tivessem saído das muralhas da capital.

Por sua vez, responderam-lhe mediante outra indagação:

— *Sois estrangeiro, que ignorais o que se passou em Jerusalém nestes últimos dias?*

Ele respondeu que sabia do acontecimento infeliz, a morte do Inocente, das condutas absurdas dos Seus amigos e do abandono, pois que Ele, sempre acompanhado pela multidão, ficara a sós. Quando mais necessitava de uma voz amiga, ocorreu o silêncio, e explodiram as acusações terríveis.

— *Não estava escrito* — inquiriu — *que o Messias deveria ser incompreendido, <u>achincalhado</u>, surrado sem piedade e pendurado numa cruz? Ele anunciou mais de uma vez que a* *sua missão era de paz, e não de dominação de outras pessoas, outros povos... Ele viera preparar Israel para o seu destino de harmonia entre as nações.*

*– Sim, agora entendemos. Nós mesmos pensávamos que Ele viria com os Seus exércitos e nos libertaria da esmagadora Roma. Aguardávamos, por fim, o poder que, muitas vezes roubado de nós, punha-nos ao <u>eito</u> da escravidão.*

*Neste momento estamos aguardando que Ele volte, que tudo isso foi um pesadelo, e ainda não tivemos nenhuma resposta.*

Havia lágrimas e dor, não revolta, mas algum desencanto que não conseguiam dissimular.

*– Ele poderia ter feito diferente, mas não veio para o mundo passageiro, transitório. Toda a Sua Mensagem se refere a um Reino que não é este de caráter humano, temporário. Aqueles que hoje estão na glória amanhã serão sombras, <u>espectros</u> do passado que a morte silencia.*

*A lição de amor que veio transmitir tem um caráter de imortalidade, e não de rápidos momentos de brilho resultado da ilusão.*

*Tendes a mente tarda, e duro o coração. Em todos os momentos Ele optou pelos infelizes e lamentou a luta pela dominação dos apaixonados de um dia...*

Um silêncio natural se abateu, e continuaram o diálogo, evocando as páginas emolduradas de ternura e significado. O dia, por fim, começou a declinar, e as primeiras estrelas fulgiram a distância.

Emaús era, de alguma forma, um burgo de pequena proporção.

Eles alcançaram uma hospedaria, e como o estranho que os acompanhou parecia querer prosseguir, solicitaram emocionados:

– *Ficai conosco, senhor! A noite desce, e as estradas são perigosas.*

Ele aquiesceu. Sentaram-se a uma mesa, e quando Ele foi partir o pão, aturdiram-se os viajantes, porque viram os estigmas nas suas mãos e exclamaram:

– *É Jesus!*

O Senhor olhou-os docemente e desapareceu diante dos seus olhos.

Agora, mais aturdidos ainda, resolveram voltar a Jerusalém e, quando lá chegaram com as alvíssaras, souberam que Ele aparecera a Simão e aos Seus discípulos no mesmo cenário da última refeição.

※

Emaús ficaria célebre na história da Humanidade porque ali Ele apareceu e dialogou com dois viandantes.

Não há distância para o amor.

A criatura humana sempre O deseja ao lado, no entanto coloca distâncias mentais e morais, dificultando o resultado.

A caminhada terrestre do cristão pode ser comparada à de Emaús, entretanto é necessário atenção para vê-lO, de modo a ouvi-lO e com Ele dialogar coração a coração.

Cada dia é uma possibilidade nova.

Saí da vossa rotina e avançai resoluto na Sua busca.

O mundo está rico de ilusões que se diluem e que desaparecem após o seu gozo desesperador. Normalmente permanece uma suave amargura, quando em realidade ainda não se instalou a culpa.

A marcha do encontro é também um caminho do autoencontro, no qual se fundem os sentimentos de quem busca e daquele que se entrega.

Jesus não vos pede muito, exceto a transformação melhor para a vida.

Ele se deu e até hoje permanece pelas estradas do mundo procurando aqueles que, por sua vez, desejam ter com Ele um contato.

Levantai, avançai resolutos, Ele vos espera no caminho.

# 28

# HOJE, ASSIM COMO ONTEM

Aqueles eram dias especiais, difíceis, por um lado – miséria moral, mental, ignorância, loucura e dureza dos corações; por outro, incomparáveis, porque o suave aroma de paz e esperança varria a região palestina.

Na primavera, o solo áspero arrebenta-se em variadas flores, e as vidas desabrocham da <u>hibernação</u> em que se encontram.

Notícias religiosas informavam que o Messias já se encontrava na Terra, preparando-se para o grande momento.

A sociedade estava exausta de guerras, traições e miséria de toda ordem.

Simultaneamente, sofriam-se os limites da liberdade. Dores que feriam as almas e a miséria moral que desanimavam as raças, aumentando inesperadamente as populações nas cidades grandiosas. Os campos estavam ardendo cada vez mais desertos.

Eram abandonados pelos agricultores perseguidos pelos impostos absurdos e pela dificuldade de aspirar por melhores dias.

As temperaturas climáticas tornavam-se quase insuportáveis.

O verão <u>crestava</u> o solo, as flores murchavam e morriam, os bulbos escondiam-se sob o solo para reflorirem no futuro.

Os indivíduos escravizados aos poderes da política e do dinheiro aspiravam por algo ou alguém que os libertasse, a fim de poderem fruir dos direitos conseguidos pelos poderosos.

A maioria deles vivia esquecida pelos comandantes do povo e das cidades.

De alguma forma, ele se instalava na maioria submissa e na revolta dos mais apaixonados.

Israel era um caldeirão de desafios coletivos, e a cada instante eram abafados os gritos de liberdade e as ambições da paz.

A deslealdade instalava-se nas mentes e nos corações mascarados de sorrisos, gerando situações insuportáveis.

Foi neste cenário que Ele se apresentou, convidando todos à fraternidade, ao amor...

A Sua palavra era austera e quase desconhecida. Os valores pertenciam aos mandantes e não foram poucos aqueles que beberam a água do bem nas Suas mãos abençoadas.

Ele havia voltado da jornada à Samaria e a notícia de que dialogara com a samaritana e apresentara Seu Reino àqueles que estivessem dispostos a seguir espalhara-se.

Alguns membros que O acompanhavam censuravam-nO.

Compadecido da sua ignorância, Ele a todos retrucou que só existia um Pai, misericordioso e cheio de amor, que a ninguém eleva em detrimento dos demais.

Todos, para Ele, eram iguais, isto é, credores de afetividade e orientação. A divisão de classes era feita pelas paixões inferiores das próprias criaturas. A morte a todos conduzia a Seu Reino com a mesma ternura e sem exceção.

Tomando de uma moeda e mostrando-a, perguntou qual o seu valor e, ao ser respondido, com segurança explicou que esse era intrínseco, e não atribuído.

Ele viera para unir as ovelhas do Pai Criador, e não para separá-las. Embora muitos O seguissem, poucos agiam conforme Ele propunha.

A maioria gostaria que Ele se transformasse num mágico que deslumbrasse as multidões através dos milagres que operava. Nem sempre, porém, Ele submetia-se ao desejo dos amigos. Essa maioria era constituída de criaturas-instinto, isto é, pessoas da cintura para baixo: comiam, dormiam, reproduziam-se. Ele, no entanto, falava a respeito de um Reino de Amor que fascinava a mente e iluminava os sentimentos.

O Seu Reino não estava adstrito somente ao globo terrestre, mas às estrelas fulgurantes do Cosmo. Daí a Sua Mensagem era abrangente, universal, já que o Pai Criador a tudo gerara com a mesma ternura e misericórdia.

Hoje é mais ou menos assim.

Já são muitos aqueles que voltaram a ouvi-lO através do *Consolador* prometido, que têm sede de Deus e humanidade com seus irmãos. No entanto, adotam conduta estranha, egoísta, seletiva, negando-lhes a convivência com a renúncia e a real fraternidade.

Jesus está entre nós nestes dias difíceis do processo evolutivo, levantando os <u>combalidos</u>, sustentando os fracos, inspirando os indecisos e, acima de tudo, reunindo as ovelhas <u>tresmalhadas</u> sob o cajado do bom pastor.

Por mais se multipliquem as linhas de pensamento e as técnicas de comportamento, algumas delas verdadeiras <u>aberrações</u>, o Evangelho permanece como um farol na <u>penedia</u> turbulenta, iluminando a diretriz de segurança para a embarcação terrestre.

Os Espíritos do Senhor alertam-nos a reviver na sua legitimidade as lições que Ele ministrou com a entrega de si mesmo.

Repetindo a grandiosa tarefa do passado, o *Consolador* <u>volve</u> à Humanidade, convidando-a à profunda reflexão: por mais longa seja a trajetória orgânica do Espírito, momento chega em que despe a indumentária terrestre e volta à sua origem vibratória.

O sentido, portanto, da reencarnação é a perpetuação do bem, dissolução do erro e construção do porvir.

Em toda e qualquer alternativa nessa realidade, o ser é sempre imortal, e a vida é constituída por etapas no corpo e fora dele.

No passado, durante a Revolução Francesa, vendo-se traída e diante da guilhotina com a massa de alucinados em volta que lhe pediam a cabeça, madame Roland bradou:

— *Liberdade, liberdade, quantos crimes cometem em vosso nome?*

Atualizando a sua desesperadora exclamação, poderemos dizer: fraternidade, fraternidade como é difícil viver-vos.

Hoje, como ontem, a luta é contínua e a entrega deve ser total.

O mundo atrai e asfixia com os tóxicos da luxúria e do gozo febril.

Indispensável a resistência aos hábitos daninhos e à aspiração e vivência das emoções elevadas.

# 29

# O REINO DE DEUS

Acostumada às sensações que se multiplicam nos <u>desvãos</u> da loucura do prazer, a existência humana se apresenta como efeito da ocorrência inquieta que a sustenta.

Naqueles dias em que a ignorância mais predominava, a presença do Rabi era um paliativo suave e, ao mesmo tempo, um estímulo para as grandes mudanças que viriam depois.

Vivendo-se quase exclusivamente para os instintos, o homem e a mulher saíam vagarosamente do obscurantismo para o entendimento da vida.

A ignorância predominava com todas as suas amarras, submetendo as aspirações intelectuais às velhas tradições ditadas pelo antigo <u>primitivismo</u>.

Respirava-se um estado de consciência dominada pelo *ego*.

Os objetivos essenciais da vida não iam além do próprio viver na simplicidade ou na complexidade do local em que se nascia.

A criatura era o resultado inevitável da sociedade dividida em classes de poder monetário, o que gerava dominação política e distanciava as vidas umas das outras.

Vivendo-se quase exclusivamente para os desejos que eram de pequena <u>monta</u>, a ignorância a respeito dos objetivos da vida era praticamente total.

As guerras incessantes <u>exauriam</u> as nações, que mudavam de comando com a rapidez dos ventos.

O domínio que os poderosos exerciam constituía a meta essencial dos ditadores.

Havia aqueles que aspiravam ao progresso quase sempre submetidos aos esforços da soberania que aplicavam uns contra os outros. Alguns se compensavam com as migalhas que lhes eram oferecidas, não se interessavam por alterar a paisagem terrestre, constituindo a colossal massa de miseráveis e sofredores.

Doenças e deformidades, tanto físicas quanto morais, açoitavam corpos desnutridos e vidas sem vitalidade, constituindo os grupos <u>étnicos</u> e sociais em lamentável situação <u>expiatória</u> que se prolongava em sucessivas gerações.

O fenômeno da evolução é de desenvolvimento mais lento do que aquele das conquistas intelectuais.

A evolução moral exige um contínuo esforço para combater as fixações produzidas pelo primarismo de longa data.

A Humanidade caminha mui lentamente a estrada dos sentimentos para o bem.

Muito complexo o esforço de combater paixões primordiais que se irão transformar em idealismo superior.

※

Jesus, o Bem-aventurado, veio demonstrar a grandeza da felicidade mediante novos comportamentos, e não aqueles que então constituíam a melhor maneira de viver.

O ódio semeava as manifestações de desprezo e profunda indiferença pelo próximo. O ser ainda não descobrira as maravilhosas contribuições do amor e da fraternidade para o auxiliar na ascensão a que está destinado.

Em Jesus tudo é diferente de quando se vivia naqueles <u>tórridos</u> dias que a tradição histórica e religiosa nos apresenta. A sua existência corporal assinala o momento em que o ser espiritual é mais importante do que todas as construções de ordem material.

Quando os Seus olhos pousavam nos corpos <u>esfaimados</u>, a misericórdia do Seu coração derramava-se sobre o infeliz, que se transferia para uma nova dimensão espiritual. A Sua era uma compaixão filha da piedade fraternal que assinalou toda a Sua vida.

Ninguém se lhe acercava sem beneficiar-se de imediato. A Sua presença exteriorizava o néctar não apenas perfumado, mas também rico de energias que potencializavam a todos.

Por isso, num dia em que a multidão, com a sua sombra densa, procurava-O em desespero, de súbito, ao aparecer-lhe, declarou: – *Eu sou a Luz do mundo!*

Enquanto a maioria dos seguidores, discípulos e acompanhantes esporádicos esperava que Ele resolvesse seus problemas pessoais e os infames trâmites políticos das leis nefastas e perturbadoras em que o mundo estorcegava,

Ele acalmava os doentes e miseráveis morais. Como efeito, muitos não concordavam com o Seu público, a quem Ele ajudava, mendigos, mulheres equivocadas, a denominada ralé, a fim de erguê-los do caos e edificar nos seus corações aflitos o Reino de Deus...

Do que adiantavam as <u>castas</u> e as suas regalias, senão para aumentar a frieza dos seus sentimentos e a rudeza da sua inteligência?

O ser humano e o seu progresso espiritual na sucessão do tempo têm a sua meta estabelecida desde então.

※

Depois d'Ele, os conquistadores do mundo com a espada vêm conduzindo a Terra e sob o seu <u>guante</u> deixando-a mergulhada no pântano dessa desdita.

Prevendo tal ocorrência, Jesus, o Amor não amado, prometeu o *Consolador* para auxiliar na fixação dos Seus ensinamentos.

O *Consolador* apareceria no momento próprio e de modo insuspeitável e transformador.

Na atualidade, embora as situações difíceis do processo evolutivo na treva em que os indivíduos se encontram, abre clareiras de luz nesta grande noite que ruma inevitavelmente para o amanhecer de plenitude, conforme Ele prometeu.

Não há dúvida de que a <u>plêiade</u> de Espíritos que constitui a Nova Revelação é a mesma que esteve com Jesus, e aqueles que cooperavam encarnados e não conseguiram a libertação total dos <u>liames</u> que os atavam aos vícios estão de volta para completar a sublime tarefa da instalação do Evangelho nas massas.

O Reino de Deus já distende as suas fronteiras pelo imenso planeta, alterando a sua face para predispor os seres humanos à tarefa de conclusão da sua realidade.

Não nos enganemos. Esta é uma hora decisiva. Talvez a vossa não seja uma contribuição fundamental para a histórica transformação que se opera na Terra. No entanto, a vossa transformação moral para melhor é relevante para formar a nova sociedade em que a paz, a fraternidade e o amor cantarão o hino extraordinário da imortalidade com Jesus, nosso Mestre, Modelo e Guia.

# 30

# AMIGOS NA HORA ÚLTIMA

Quando murmúrios maus sopram covardemente na sociedade, <u>pressagiando</u> sofrimentos e <u>desaires</u>, as dores chegam depois, galopando desgraças.

Antes eram somente discretos e, na sua <u>pusilanimidade</u>, pareciam <u>arengas</u> difamadoras. Mas, de repente, transformavam-se na urdidura de crimes planejados com crueldade ímpar.

Comentários <u>velados</u> e alguns mais ousados sobre a conduta de Jesus, em <u>surdina</u>, passaram rapidamente a acusações ferintes e audaciosas, ameaças de queixas ao imperador em Roma e toda sorte de perseguições.

Fazia pouco e Ele estivera no domingo com os simpatizantes da Sua Mensagem, entrando em Jerusalém na mentirosa glória de aplausos e júbilos.

A multidão que O seguia montado no pacífico jumento cantava hinos, era expressiva e foi vista pelo

Sinédrio e seus <u>esbirros</u> como uma ameaça ao seu poder e ao de César.

Aqueles que têm a consciência culpada sempre estão assustados, esperando a manifestação da justiça e de tudo suspeitam.

Logo se reuniram para debater a ocorrência e punir o seu responsável.

Desde há algum tempo que os fariseus, representando a Entidade poderosa, sentiam-se incomodados com o Nazareno miraculoso. Não encontravam, porém, qualquer razão para fazê-lO calar ou deixar de socorrer as multidões que O buscavam em toda parte. Ele era irretocável, jamais caindo em armadilhas ou <u>malversações</u> de qualquer natureza.

Sempre tinha respostas lúcidas e verdadeiras para as questões que lhe eram apresentadas com objetivos infames.

Nunca trairia a Mensagem soberana com as questões terrestres.

A Sua era a política do Reino de Deus e jamais essa aceitação das absurdas legislações do império.

O ser humano nasceu para ser feliz e repartir poderes e conquistas com todos os seus irmãos. Essa tarefa somente é possível quando se assenta no amor.

Dessa forma, havia também pessoas poderosas que O amavam, buscavam-nO em silêncio e acompanhavam-nO a distância. Ainda não haviam alcançado a força de fazê-lo publicamente, pensando nos familiares e na situação da própria nação. Anelavam por verem a justiça cumprir os seus deveres, sem as aberrações do protecionismo a uns e negada a outros.

Fascinaram-se por Jesus, buscavam informações sobre Ele, desejavam o Seu Reino.

Ele os conhecia e, como a todos amava, a esses também dispensava o Seu Amor inefável. Afinal, a Terra ainda é um planeta de sofrimentos reparadores, no qual a organização fisiológica humana exerce grande pressão e dificuldade para a assimilação e vivência dos conteúdos espirituais.

Limitado pelo véu da carne que obnubila o raciocínio profundo, os seus investimentos têm sempre objetivos imediatos, resultados breves que são a meta imediata da sua evolução, principalmente no prazer.

Quando surgem as oportunidades libertadoras através do despertar da consciência em amplidão de conhecimentos, não raro os velhos hábitos da indolência e do comodismo adiam o trabalho de adaptação às novas luzes.

Assim, começando a fruir a satisfação do amor pelo conhecimento da Verdade, muitos homens e mulheres fascinavam-se por Jesus, mas mantinham uma distância conveniente com os impositivos do mundo, auxiliando a divulgação da Sua vida de maneira discreta e sempre interessados nos seus ditos e feitos.

Nicodemos, por exemplo, doutor da lei em Israel, estudioso das letras divinas, tentava honestamente compreendê-las para tornar a sua existência mais compatível com o ministério que exercia.

Chegaram-lhe as fantásticas notícias do Mestre sobre a imortalidade da alma e os caminhos terrestres para ser alcançada a perfeição acenada pelo Pai Celestial.

Sabia que se fosse ouvi-lO na praça pública ou na praia, o que deveria ser evitado a qualquer custo, o gesto causaria muita curiosidade do povo e mesmo um escândalo, em razão dos seus títulos e posição religiosa quanto política no Sinédrio. Não deveria, porém, perder aquela excelente oportunidade em que Ele estava em Jerusalém.

Dessa forma, através de amigos comuns, foi <u>concertada</u> uma entrevista particular, que se notabilizou pelos efeitos no futuro.

Nessa oportunidade, o Fariseu ilustre indagou-Lhe sobre o meio eficaz para entrar no Reino dos Céus.

A Sua resposta concisa confundiu-o: – *Necessitai nascer de novo.*

Ante a sua surpresa, indagou perplexo: – *Como é possível um homem velho entrar no ventre de sua mãe para nascer de novo?*

E a reencarnação foi apresentada como a solução para o grande problema do evolucionismo.

Deslumbrado, o doutor da lei dialogou com o Amigo sublime e penetrou na realidade.

Bem mais tarde, no período da tragédia, profundamente tocado, ofereceu o seu túmulo novo para sepultá-lO.

José de Arimateia, admirador e devotado amigo, portador de uma sólida fortuna, ajudou o pequeno grupo a desempenhar a tarefa, oferecendo-lhe os recursos necessários para a sobrevivência.

Amando Jesus, era um amigo silencioso e ativo.

Também ele, naquela hora fatal, ofereceu o alvo tecido que Lhe envolveu o corpo no sepultamento.

José de Arimateia posteriormente foi aprisionado, mais de uma vez, sob acusação de ser seguidor de Jesus.

Foi fiel até o fim!

Simão de Cirineia, que se encontrava com graves problemas, naquele dia terrível veio a Jerusalém em busca de soluções, e em plena rua viu a cena dolorosa daquele homem tombado sob a cruz.

Um soldado brutal segurou-o forte e empurrou-o para baixo do madeiro infamante e mandou-o ajudar.

Ele o fez. Era forte e automaticamente olhou para o padecente.

Este, por sua vez, voltou Seus olhos congestionados de lágrimas e sangue e deu um sorriso suave.

A partir dali o <u>cireneu</u> teve a vida totalmente modificada e se tornou o anônimo que ajudou Jesus em pleno Calvário.

Seu gesto nunca foi esquecido e ele se tornou um exemplo de auxiliar-se alguém em nome do amor.

...E quantos se encontram nas páginas serenas e inolvidáveis da fraternidade distendida pelo Mestre à Humanidade inteira.

※

Recordando a incomparável presença de Jesus no coração, sede um a mais dos Seus amigos, apesar da aspereza do mundo.

Ele vos espera desde aqueles dias inesquecíveis, quando caminhou conosco, tornando a <u>senda</u> menos áspera, e neste momento Ele espera que cumprais o vosso dever assumido, fazendo o *essencial*.

# GLOSSÁRIO

## A

| | |
|---|---|
| Aberração | Algo incomum, fora do normal ou dos padrões gerais. |
| Abjeto | Imundo, desprezível, ignóbil. |
| Acendrado | Apurado, purificado, acrisolado. |
| Acepipes | Petiscos (figos, passas). |
| Acha | Pedaço de madeira usado como lenha, em fogo ou fogueira; cavaco. |
| Achincalhado | Caçoado, ridicularizado, zombado. |
| Acocorado | O mesmo que agachado, de cócoras. |
| Acrimônia | Severidade, sarcasmo, aspereza, crueldade. |
| Açulado | De açular – instigar, atiçar, provocar. |
| Acume | Ponto aguda, cume, topo. |
| Adiu | De adir – adicionar, agregar, incorporar, unir. |
| Admoestado | De admoestar – advertir, censurar, repreender. |
| Adredemente | Preparado com antecedência para determinado fim, previamente. |
| Adstrito | Unido, ligado, limitado, restrito. |
| Adulado | Bajulado, adorado, exaltado. |
| Adusto | Queimado, ressequido, quente, ardente. |
| Agranda | Tornar-se grande, aumentar, ampliar. |
| Agrura | Amargura, aflição, angústia, dor. |
| Alfanje | Espada árabe de lâmina curva e curta. |
| Algoz | (Do árabe *al-gozz*) – Carrasco, verdugo, pessoa cruel. |
| Aliciador | Enganador, sedutor, pervertedor, mentiroso. |
| Almejada | De almejar – desejar ansiosamente, ambicionar, aspirar. |
| Alocução | Discurso breve, manifesto, exaltação, discussão. |

| | |
|---|---|
| Alvíssaras | (Do árabe *al-basara* – boa-nova) – Boas notícias, exclamação de contentamento ou alegria, prêmio. |
| Alvissareiro | Que pede ou dá alvíssaras, portador de boas-novas, auspicioso, prometedor. |
| Alvíssimo | Superlativo de alvo, muito branco, claro. |
| Ampulheta | Dispositivo para medir o tempo, constituído por duas campânulas de vidro, interligadas por estreita comunicação. A areia que escorre entre elas marca o tempo. |
| Anarquia | Sistema político que nega o princípio da autoridade; desordem, bagunça, confusão. |
| Anelavam | De anelar – desejar ardentemente, aspirar a, almejar. |
| Anelo | Ato de querer, desejo, aspiração. |
| Anêmona | Gênero de plantas ornamentais com flores de cores variadas. |
| Animália | (Alimária) – Animal de carga, tais como burro, mula, cavalo, camelo, elefante. Pessoa estúpida. |
| Aparvalhava | De aparvalhar – desorientar-se, desnortear-se, atrapalhar. |
| Apupo | Vaia, gritaria para insultar. |
| Aquartelava | De aquartelar – recolher ou alojar em quartel. |
| Arbitrário | Que depende só da vontade, injustificado, caprichoso, despótico. |
| Arenga | Atrito verbal, discussão, conflito, discórdia. |
| Argamassado | De argamassar – aplicar argamassa. Fig.: revestir algo como base ou proteção (piso argamassado com amor). |
| Arrotear | Cultivar (terreno inculto). |
| Ascensão | Atingir um grau superior, elevação, subida. |
| Asselvajado | De asselvajar – tornar selvagem, brutalizar, embrutecer, animalizar. |
| Atavio | Enfeites, adornos, ornamentos; uso de joias. |
| Atenazado | Atezanado, mortificado, torturado. |
| Atoleimado | Abobalhado, apatetado. |

| | |
|---|---|
| Aturdia | De aturdir – atordoar, perturbar, estontear, espantar. |
| Aturdido | Atordoado, atônito, confuso, perturbado, perplexo. |
| Auréola | Círculo de luz indicativo de elevação espiritual ao redor de entidades; símbolo de progresso espiritual em direção à luz divina. |
| Aureolado | De aureolar – coroar, elevar, glorificar. |
| Austero | Rígido, severo, inabalável. |
| Azáfama | Afã, trabalho muito ativo, pressa. |
| Aziago | Mal agouro, azarento, infeliz, infausto. |
| Azinhavrado | Relativo ao azinhavre – camada esverdeada que representa a oxidação de certos metais, como cobre e latão. Fig.: "gosto azinhavrado" – que deriva de ações prejudiciais ao semelhante, gosto amargo de infelicidade na alma. |

## B

| | |
|---|---|
| Bailar | Mover-se ao som da música. Fig.: ideias, pensamentos e alegrias que bailam no ar. |
| Bajulador | Que bajula, adulador, chaleira, incensador. |
| Baliza | Demarcação, separação, delimitação. |
| Belzebu | (Do hebraico *ba'al zebuh*) – O príncipe dos demônios. |
| Benesses | Vantagens, benefícios, favores. |
| Bilha | Recipiente de cerâmica para transportar líquidos. |
| Bolorento | Mofado, estragado, apodrecido. |
| Bonançoso | De bonança – calmaria, brandura, sossego, serenidade. |
| Bonina | Flor vistosa de cor variada como a vermelha, rosa, amarela, branca, conhecida também como maravilha e jalapa. |
| Bulbo | Caule subterrâneo de determinados vegetais que contém elementos nutritivos. |
| Bulha | Confusão de sons, barulho, gritaria, desordem. |

| | |
|---|---|
| Bulhento | Barulhento, ruidoso. |
| Bulício | Sussurro ou murmúrio contínuo, burburinho. |
| Burgo | Organização comunitária surgida na baixa idade média, na época da decadência feudal e crescimento comercial e urbano. Povoado, vila, aldeia. |

| C | |
|---|---|
| Cardo | Planta que é praga das lavouras. |
| Casario | Conjunto de habitações modestas usadas por trabalhadores humildes. |
| Casta | Sistema de divisão social que classifica as criaturas segundo suas posses, cor, raça ou religião. |
| Catalepsia | Estado mórbido, ligado à hipnose ou à histeria, caracterizado por sono profundo, suspensão temporária de movimentos, presença de rigidez muscular, de insensibilidade total e respiração superficial, quase imperceptível. |
| Cataléptico | Aquele que sofre de catalepsia – estado mórbido caracterizado por sono profundo com suspensão dos movimentos e rigidez muscular. |
| Ceifado | Cortado a foice, podado, colhido. |
| Cercania | Proximidade, contiguidade, vizinhança. |
| Cerne | âmago, a parte mais íntima, essencial. |
| Choupana | Habitação simples e humilde. |
| Ciciava | De ciciar – que produz leve rumor. |
| Cireneu | Natural de Cirene (antiga colônia grega no Norte da África); aquele que auxilia. |
| Clarinada | Toque do clarim. Fig.: jorro de luz e amor proveniente do cristo ou de espíritos elevados. |
| Cognominado | Designar um cognome ou apelido, nomeado, intitulado. |
| Colimado | De colimar – visar a, ajustar, tornar paralelos entre si (raios de luz). |
| Colóquio | Conversação entre duas ou mais pessoas. |
| Combalido | Caído, derrubado, cansado, enfraquecido. |

| | |
|---|---|
| Compatrício | Amigo, conterrâneo, comparsa. |
| Comungava | De comungar – pertencer a grupo que tem as mesmas ideias; participar, compartilhar, conviver. |
| Concertado | Acordado, ajustado, convencionado. |
| Conglomerado | Conjunto de vilas e povoados de uma região. |
| Conjuração | Conspiração, conluio, conchavo, intriga. |
| Corifeu | Pessoa que se destaca em uma arte, profissão ou categoria, pessoa que aconselha ou incita um personagem. |
| Corrigenda | Ato de corrigir; ensino do caminho correto. |
| Coruscante | Fulgurante, reluzente, rutilante. |
| Crepe | Tecido negro de luto, tecido fino e ondulado de seda ou lã. |
| Crepitava | De crepitar – estalar, arrebentar, pipocar (crepitar das labaredas). |
| Crestava | De crestar – secar, queimar, tostar. |
| Crisântemo | (Do grego *chrysós*=ouro e *ánthos*=flor – "flor de ouro") – Flor da família das *asteraceae*, cultivada na China há mais de dois mil anos; trazida para o Ocidente no séc. XVII, apresenta-se em diversas cores e com mais de 800 variedades. |

## D

| | |
|---|---|
| Decápole | (Do grego *decapolis*) – Coligação de dez cidades situadas na margem oriental do Rio Jordão, libertadas por Pompeu, conquistador romano, do domínio dos asmoneus. São elas: Abila, Canata, Citópolis, Damasco, Dium, Filadélfia, Gadara, Gerasa, Hipos, Pela. |
| Desaire | (Desar) – Descrédito, desdouro, desgraça, mancha. |
| Desataviado | Despido, sem adornos. |
| Desdita | Infelicidade, desgraça, desventura. |
| Desditoso | Infeliz, desgraçado, desventurado. |
| Desforço | Vingança, desforra, vindita. |

| | |
|---|---|
| Desgarram | De desgarrar – alterar o rumo, desviar, afastar. |
| Desmantelado | De desmantelar – desmontar, demolir, destruir, arrasar. |
| Despeito | Ciúme, inveja, desilusão, desapontamento. |
| Dessedenta | De dessedentar – matar a sede, saciar, satisfazer-se. |
| Desvairado | Alucinado, exaltado, excitado, perturbado. |
| Desvão | Lugar recôndito, recanto, esconderijo, desnível. |
| Desvario | Alucinação, loucura, delírio, desvairamento. |
| Devaneio | Capricho da imaginação, fantasia, sonho, quimera. |
| Devassidão | Caráter daquele que é devasso, libertinagem, licenciosidade. |
| Dialeto | Diferenças linguísticas regionais de um povo ou nação. |
| Diligente | Dedicado, eficiente, zeloso, solícito. |
| Dispensário | Aquele que distribui, que administra os recursos. |
| Dissertação | Ensinamento, pregação, sermão. |
| Dissoluto | Corrupto, desmoralizado, devasso. |
| Distendeu | De distender – dilatar, estirar, estender. |
| Distonia | Relativo às coisas que não estão em sintonia ou concordância, desequilíbrios psíquicos que geram distúrbios orgânicos. |
| Dolo | Que tem intenção de, confirmação de erro em outrem, fraude, má-fé. |
| Dubiedade | Dúvida, incerteza, ambiguidade. |
| Dúctil | Maleável, flexível, dócil. |
| Dúlcido | Doce, meigo, brando, afável. |

## E

| | |
|---|---|
| Efêmero | Algo que dura pouco tempo, ligeiro, passageiro, fugaz. |
| Efeméride | Evento marcante, celebração, festividade. |

| | |
|---|---|
| Eirado | Terraço feito de pedras em toda a extensão do telhado, mirante, observatório. |
| Eito | Trabalho intenso, limpeza de plantações. |
| Empáfia | Arrogância, soberba, insolência, desdém. |
| Empedernido | Endurecido, insensível, inflexível, petrificado. |
| Emular | Seguir o exemplo de alguém, esforçar-se, imitar. |
| Encarquilhado | Deformado, enrugado, murcho. |
| Encetara | De encetar – começar, principiar, iniciar. |
| Endemoniado | (Endemoninhado) – Possuído pelo demônio, encapetado, danado, possesso, obsidiado. |
| Enleavam | De enlear – ato ou efeito de enrolar-se, envolver-se, prender-se. |
| Ensementado | De ensementar – o mesmo que semear, espalhar, fomentar, estimular, propagar. |
| Ensimesmado | Que se volta para o interior de si mesmo, introvertido, introspectivo, recolhido, concentrado, absorvido. |
| Entenebrecem | De entenebrecer – cobrir de trevas, escurecer, obscurecer, afligir, entristecer. |
| Enternecer | Tornar terno, comover, sensibilizar, embevecer. |
| Enxameavam | De enxamear – alastrar, aglomerar, espalhar. |
| Enxovalhava | De enxovalhar – prejudicar a imagem de alguém, difamar, injuriar, ofender. |
| Epiléptico | Portador de epilepsia. Que apresenta crises convulsivas e perda de consciência temporária. |
| Eriçado | Encrespado, arrepiado. |
| Esbirro | Guarda-costas, capanga, serviçal, lacaio. |
| Escabroso | Fatos ou casos estranhos, misteriosos, suspeitos, sombrios, tétricos. |
| Escárnio | Menosprezo, desprezo, desdém, zombaria. |
| Escória | Parte mais baixa de uma sociedade, coisa desprezível, ralé. |
| Escorraçado | Diz-se de quem foi rejeitado, afastado, expulso, de determinado lugar. |
| Esfaimado | Faminto, esfomeado, insaciável, voraz. |

| | |
|---|---|
| Esparzia | De esparzir (ou espargir) – espalhar, irradiar, disseminar. |
| Espectro | Algo assustador, fantasma, sombra, malefício. |
| Espezinhado | De espezinhar – desprezar, rebaixar, humilhar, oprimir, tiranizar. |
| Espículo | Ponta, ferrão, aguilhão. |
| Espoliado | Privado, despojado, roubado. |
| Espólio | Produto de saques ou pilhagens, despojos, destroços. |
| Esponsais | Relativo aos esposos, compromisso matrimonial, festas do casamento. |
| Essênios | Seita judia fundada 150 anos a.C., cujos membros formavam uma associação moral e religiosa, de costumes brandos e austeras virtudes; ensinavam o amor a Deus e ao próximo, a imortalidade da alma e acreditavam na ressurreição. |
| Estentórea | Diz-se de voz forte, estrondosa, que ecoa. |
| Estertorar | Respirar com ruídos roucos e crepitantes. Dificuldade respiratória na agonia. |
| Estesia | Habilidade para entender sentimentos, sensibilidade ao belo. |
| Esteta | Que tem concepção elevada da arte, que tem sensibilidade artística, apreciador da arte. |
| Estigma | Cicatriz, marca, sinal. |
| Estiolavam | De estiolar – definhar, enfraquecer, debilitar. |
| Estorcegava | De estorcegar – ato de torcer com força, torcer-se de dor física ou moral, contorcer. |
| Estua | De estuar – que vibra, que se aquece, pulsar, arder. |
| Estupefato | Irritado, admirado, perplexo. |
| Estupor | Estado mórbido em que o paciente não reage a estímulos, torpor, estupefação, assombro, espanto. |
| Étnico | Relativo ou pertencente a povo ou raça. |
| Evos | Duração sem fim, longo período de tempo. |

| | |
|---|---|
| Exauriam | De exaurir – cansar, esgotar, dissipar, debilitar. |
| Exaurido | Cansado, exausto, esgotado. |
| Excruciado | (Do latim *excruciare*) – Atormentar, martirizar, torturar. |
| Execrado | De execrar – abominar, amaldiçoar, desagradar, detestar. |
| Execrando | Detestável, abominável, amaldiçoado. |
| Exime | De eximir – dispensar, desobrigar, isentar, livrar. |
| Exorbitava | De exorbitar – exceder os limites de função, autoridade, poder e outras situações. |
| Expectante | O que vive uma expectativa, uma espera; que aguarda um acontecimento. |
| Expiatório | Sofrimento que se experimenta em uma encarnação decorrente de erros do pretérito. |
| Exprobou | De exprobar – repreender, censurar, reprovar, acusar. |
| Exsudava | De exsudar – transpirar. Fig.: destilar, verter, ressumar, ressumbrar. |
| Extasiado | Estar encantado, arrebatado, assombrado, embevecido. |
| Exulceração | Ferimento, úlcera, dor, aflição, amargura. |

## F

| | |
|---|---|
| Facção | Partidários de uma mesma causa, grupo, turma, bando. |
| Facécia | Brincadeira, divertimento, chacota, gracejo. |
| Fadário | Destino a ser enfrentado por determinação superior; vida trabalhosa, sorte, desgosto. |
| Faina | Trabalho árduo, lida, azáfama. |
| Famanaz | Célebre, afamado, prepotente, famigerado. |
| Fâmulo | Criado, serviçal, caseiro, subalterno. |
| Ferinte | O que fere, lacerante, contundente. |
| Fremia | De fremir – vibrar, tremer, estremecer, agitar. |

| | |
|---|---|
| Frêmito | Ruído surdo e áspero, sussurro, vibração. |
| Frincha | Abertura estreita, fenda, rachadura, fissura. |
| Fruir | Possuir, desfrutar, gozar. |
| Fulgurante | Brilhante, resplandecente, cintilante. |
| Fulgurasse | De fulgurar – brilhar, resplandecer, cintilar, realçar. |
| Funesto | Fatal, letal, nocivo, prejudicial. |

| G | |
|---|---|
| Galardão | Recompensa por serviços valiosos, prêmio, honra, glória. |
| Galgar | Transpor, alcançar, elevar, ascender. |
| Gládio | Tipo de espada curta utilizada pelos exércitos da Antiguidade. |
| Guante | Luva de ferro das armaduras medievais, mão de ferro, autoridade despótica. |

| H | |
|---|---|
| Hanseníase | Mal de Hansen, lepra; doença infecciosa crônica que agride a pele e os nervos periféricos. |
| Hediondo | Que provoca repulsão, horrível, horroroso, repugnante. |
| Hegemonia | Domínio, supremacia, poder, preponderância. |
| Hibernação | Estado letárgico pelo qual passam alguns animais durante o inverno; estar submetido a frio intenso. |
| Hipócrita | Pessoa falsa, fingida, que diz ser o que não é, farsante, dissimulado. |
| Holocausto | (Do grego *holókautos* ou *holókaustos*) – "Sacrifício em que a vítima era queimada inteira"; sacrifício, execução em massa. |
| Homiziar | Esconder, ocultar, encobrir, proteger. |
| Hosana | Louvor, aclamação, hino religioso. |

| | |
|---|---|
| Ignóbil | Baixo, desprezível, vil, abjeto. |
| Imiscuem | De imiscuir – tomar parte em algo, intrometer. |
| Imo | O lugar mais profundo, centro, íntimo, âmago. |
| Imorredoura | Eterna, imperecível, infindável (lições imorredouras). |
| Imortalista | Que dura para sempre, imortal, imperecível. |
| Implacável | Inflexível, intransigente, que não perdoa, cruel. |
| Impoluto | Confiável, imaculado, puro, incorruptível. |
| Impregnem | De impregnar – unir de forma profunda, penetrar, embeber. |
| Imputava | De imputar – atribuir responsabilidades a alguém, outorgar. |
| Incauto | Imprudente, sem cautela, ingênuo. |
| Inclemente | Desumano, áspero, impiedoso. |
| Incoercível | Que não pode ser coagido, que não se pode coibir, irreprimível. |
| Inconquistado | Que ainda não foi conquistado. |
| Inditoso | Desafortunado, desgraçado, desventurado. |
| Indolência | Preguiça, apatia, desânimo, ociosidade. |
| Indumentária | Acessórios de vestir, vestimenta, vestuário, roupa. |
| Inebria | De inebriar – embriagar, deliciar, extasiar. |
| Inefável | Que não se pode exprimir por palavras, indizível, inexprimível, admirável. |
| Inexorável | Algo inevitável, imutável, inflexível. |
| Infamante | Que torna infame, desonrado, aviltante, ultrajante, ignominioso. |
| Infame | Canalha, miserável, ignóbil, desprezível, asqueroso. |
| Infrene | Desenfreado, descontrolado, desordenado. |

| | |
|---|---|
| Iniquidade | Falta de equidade, de justiça, injustiça, perversidade. |
| Injunção | Imposição, coação, determinação. |
| Inolvidável | Que não se pode esquecer, inesquecível, memorável. |
| Inominável | Que não se pode dar nome, infame mesquinho, baixo, abjeto. |
| Insano | Louco, demente, alucinado, sem noção. |
| Integérrimo | Superlativo de íntegro, extremamente correto, honesto, fiel. |
| Intitulado | De intitular – dar título a, denominar, chamar. |
| Intrínseco | Valor próprio ou essencial, inerente, íntimo, peculiar. |
| Introspectivo | Indivíduo retraído, tímido, reservado. |
| Inusitado | Não usual, incomum, estranho. |
| Ínvio | Intransitável, em que não há caminho. |
| Invulgar | Raro, incomum, singular, especial. |
| Iridescente | Que reflete as cores do arco-íris, furta-cor. |

## J

| | |
|---|---|
| Jaez | Qualidade, espécie, sorte, laia. |
| Jazera | De jazer – estar deitado, estar morto, permanecer. |
| Júbilo | Alegria ruidosa, grande contentamento, satisfação, regozijo. |
| Jugo | Submissão pela violência, sujeição, opressão, servidão. |

## K

| | |
|---|---|
| Kislev | Terceiro mês do ano civil do calendário judaico – nov./dez. |

## L

| | |
|---|---|
| Laboram | De laborar – trabalhar, lidar, labutar. |
| Labuta | Trabalho, serviço, labor, batente. |
| Laivo | Vestígio, vislumbre, mácula, estigma. |
| Lamúria | Lamentação, reclame, queixume, clamor. |
| Lapidado | De lapidar – processo para esculpir e polir pedras preciosas. Fig.: aperfeiçoar, progredir, evoluir. |
| Látego | Açoite, de correia ou de corda. |
| Legião | Divisão do exército romano composta de 5 mil legionários. Conjunto, multidão, falange. |
| Lepra | Hanseníase, mal de Hansen: doença infecciosa crônica que agride a pele e os nervos periféricos (*Herhard Hansen* – 1841-1912, médico norueguês descobridor do bacilo da lepra). |
| Letargo | Adormecimento, torpor, entorpecimento, sonolência, desânimo. |
| Liame | Vínculo, tudo aquilo cujo propósito é ligar, unir ou prender uma coisa ou pessoa a outra. |
| Litania | Oração, súplica, ladainha. |
| Litígio | Pleito, demanda, pendência, luta. |
| Locupletar | Tirar proveito de, saciar, enriquecer. |
| Lograr | Conseguir, atingir, alcançar. |
| Longevo | Pessoa que tem vida longa. Fig.: duradouro, infindável, perene. |
| Loureiro | (Do latim *laurus nobilis*) – Árvore cujas folhas aromáticas são utilizadas em temperos. Coroa de louros dos antigos romanos era usada como símbolo da vitória. |
| Luarizar | Dar o tom do luar, pratear, iluminar, brilhar. |

## M

| | |
|---|---|
| Madressilva | Trepadeira ornamental com lindas flores perfumadas e policrômicas. |

| | |
|---|---|
| Maledicência | Qualidade de maldizente, que fala mal dos outros, difamação. |
| Maléfico | Que maleficia, que causa dano, prejuízo; que faz mal, malévolo, malvado. |
| Malsinado | De malsinar – denunciar, delatar, censurar, condenar, desvirtuar. |
| Malversação | Corrupção no exercício de um cargo, ou na gerência ou administração de valores. |
| Mancomunado | Em cumplicidade com, em combinação com, de conluio com. |
| Massa | Grande massa humana, multidão (mole humana). |
| Mercê | Favor, graça, benefício, dádiva, auxílio, bênção. |
| Mesquinho | Pessoa agarrada a bens materiais, sovina, egoísta. |
| Messianato | Ação ou função do messias, ato de cumprir uma missão. |
| Metafísico | Aquilo que transcende a natureza física; que está além da matéria; mundo espiritual. |
| Mirto | (Do latim *myrtus communis*) – Arbusto ornamental com folhas firmes e flores brancas; também chamada de murta, produz óleos aromáticos de propriedades medicinais. |
| Mister | Ofício, propósito, necessidade, finalidade. |
| Modorrento | Que tem modorra, sonolento, preguiçoso. |
| Mofa | Chacota, gozação, ironia, zombaria. |
| Mole | Grande massa informe, grande volume (mole humana – multidão). |
| Monta | Importância, valor. "danos de pequena monta não serão cobertos". |
| Montículo | Pequeno monte ou elevação. |
| Monturo | Lugar onde se deposita lixo; monte de esterco. |
| Morbosidade | Relativo à doença ou a algo doentio, estado mórbido. |
| Morticínio | Morte coletiva de pessoas, matança, carnificina. |
| Mouco | Ouvidos moucos – que não ouve, que não escuta bem, surdo. |

| | |
|---|---|
| Multifários | Que tem múltiplos aspectos, multiformes, variados. |

## N

| | |
|---|---|
| Nazireu | O mesmo que nazareno. |
| Nefando | Abominável, execrável, indigno. |
| Nefário | Maligno, depravado, nefando, maldito. |
| Nefasto | Trágico, sinistro, funesto. |
| Nisã | Meses de mar./abr. no calendário judaico antigo. |

## O

| | |
|---|---|
| Obnubila | Que tolda, turva, obscurece. |
| Obscurantismo | Estado de quem vive na escuridão; ignorância, treva, condição retrógrada (obscurantismo da Idade Média). |
| Ode | Poesia cantada, elogio lírico, poema. |
| Onomatopeia | Palavra que imita o som natural da coisa significada, imita sons da natureza (ex.: cocorocó). |
| Opróbrio | Desonra, ignomínia, afronta, injúria. |
| Organograma | Planejamento, estrutura, organização. |
| Ovação | Aclamação, aplauso, saudação, louvor. |

## P

| | |
|---|---|
| Pábulo | Aquilo que sustenta, que mantém, que alimenta. |
| Palor | Abatimento, desfalecimento, tristeza, palidez. |
| Parâmetro | Modelo aproximado de algo, padrão, base, suporte, norma. |
| Parco | Econômico, sóbrio, diminuto, escasso. |
| Pária | Excluído da sociedade, desclassificado, impuro. |

| | |
|---|---|
| Paroxismo | Que se apresenta em maior intensidade, limite extremo, clímax, ânsia, máximo. |
| Patética | Sinfonia que representa uma celebração da vida, as paixões compulsivas, o amor e os desgostos. |
| Penedia | Penedos, rochas, rochedos. |
| Pentagrama | Pauta onde se escrevem as partituras; estrela de cinco pontas como símbolo esotérico da ação do espírito sobre a matéria. Fig.: Jesus colocava suas canções (pregações) no pentagrama das tardes. |
| Pentecostes | (Do grego *Pentékosté*) – Período de 50 dias após a Páscoa. Originalmente festa da colheita, Pentecostes tornara-se também festa de renovação da aliança que evoca o dom da lei do Sinai. Para os cristãos, a descida do Espírito Santo sobre os apóstolos (os Espíritos superiores que iniciaram os inúmeros fenômenos mediúnicos): "Apareceram-lhes, então, línguas como de fogo, que se repartiam e pousaram sobre cada um deles. E todos ficaram repletos do espírito santo e começaram a falar em outras línguas, conforme o espírito lhes concedia se exprimissem" (Atos dos Apóstolos, cap. 2: 3-4). |
| Pérgula | Construção coberta de trepadeiras, caramanchão. |
| Pernicioso | Que prejudica, nocivo, perigoso, maligno. |
| Persuasão | Poder de convencimento, indução, sugestão. |
| Piscoso | Que tem muitos peixes. |
| Planalto | Região plana elevada, altiplano, esplanada. |
| Plêiade | Grupo de pessoas ilustres. Na mitologia grega, as *Plêiades* eram filhas de Atlas e Pleione. Cansadas de serem perseguidas pelo caçador Órion, pediram a Zeus que as transformasse em uma constelação. As *Plêiades* são: Electra, Celeno, Taigete, Maia, Mérope, Astérope e Dríope. Aglomerado estelar na constelação de Touro. |
| Pleiteando | De pleitear – demandar, disputar, concorrer. |

| | |
|---|---|
| Plenitude | O que está completo, completude, totalidade, integridade, retidão. |
| Plúmbeo | Que tem a cor do chumbo, acinzentado. |
| Porvir | Aquilo que está por acontecer, futuro. |
| Postulado | Ensinamento, premissa, determinação. |
| Potentado | Soberano influente, autoridade, poderoso. |
| Poviléu | O povo simples, ralé. |
| Preâmbulo | Palavras ou atos que precedem as coisas definitivas. |
| Precípua | Que está em sua função básica, originária, principal, primária. |
| Predito | Previsto, profetizado, antecipado. |
| Pregresso | Relativo ao passado, acontecimento anterior. |
| Prelúdio | Aquilo que precede, prenúncio, iniciação. |
| Pressagiando | De pressagiar – antever o futuro, profetizar. |
| Presságio | Pressentimento, previsão, prenúncio. |
| Presunção | Ato de presumir, pretensão, arrogância, vaidade, orgulho, suposição, suspeita. |
| Pretório | Tribunal do pretor (magistrado) na antiga Roma. |
| Primado | Primazia, prioridade, preferência, excelência. |
| Primarismo | Qualidade de primário, elementar, rudimentar. |
| Primazia | Prioridade, excelência, superioridade, vantagem. |
| Primitivismo | Condição do que é primitivo, atrasado, primário, elementar. |
| Propínquo | Próximo, vizinho. |
| Psicosfera | Meio ambiente espiritual, atmosfera psíquica gerada pelas emanações mentais de um grupamento de pessoas. |
| Psique | (Do grego *psychein*) – Alma, faculdade de expressão das emoções humanas. |
| Pugilato | Briga a socos, luta. |
| Pugna | Luta, peleja, combate. |

| | |
|---|---|
| Pululava | De pulular – germinar, brotar, multiplicar, abundar. |
| Pungente | Que provoca dor, doloroso, penoso, torturante, excruciante. |
| Pusilânime | Indivíduo sem ânimo ou firmeza, indeciso, medroso, covarde. |
| Pusilanimidade | Qualidade de pusilânime, sem ânimo, fraqueza, indecisão, medo, covardia. |

| Q | |
|---|---|
| Querela | Discussão, pendência, queixa. |

| R | |
|---|---|
| Ráfaga | Rajada de vento, lufada. |
| Ralé | De baixo nível, plebe, populacho, escória. |
| Refestelavam | De refestelar – acomodar, deleitar, fartar. |
| Regurgitava | De regurgitar – estar em grande quantidade, transbordar, abundar, fervilhar. |
| Repasto | Refeição, alimentação copiosa, banquete. |
| Réprobo | Condenado, precito, perverso, malvado, infame. |
| Reprochável | O que é proibido, lançar em rosto, censurável. |
| Reproche | Ação de censurar, repreensão, admoestação, descompostura. |
| Repúdio | Rejeição, desprezo, repulsa. |
| Ressumam | De ressumar – gotejar, verter, destilar, revelar, patentear. |
| Ripostou | De ripostar – (repostar) postar de novo, responder, replicar, retrucar. |
| Roufenha | Voz anasalada e fanhosa, voz rouca. |
| Rosa-trepadeira | Arbusto perene, pertencente à família da *Rosaceae*. |

## S

| | |
|---|---|
| Seixo | Pedra lisa e arredondada encontrada em riachos, calhau, cascalho. |
| Senda | Caminho estreito, vereda. |
| Sequaz | Que segue ou acompanha, seguidor, partidário, integrante de um bando. |
| Seviciado | De seviciar – tratar alguém com crueldade, maltratar, torturar. |
| Sicário | Assassino pago, torturador (*sica* - punhal romano). |
| Sicômoro | "*Ficus sycomorus*", ou figueira-doida, espécie de figueira de raízes profundas e ramos fortes, que produz figos de qualidade inferior. Cultivada no Oriente Médio e África há milênios. |
| Simulacro | Criar algo que possa parecer real, imitação, disfarce. |
| Sinagoga | (Do grego *sunagógé*) – Assembleia, local de culto dos judeus. |
| Sisudo | Sério, prudente, sensato, ponderado. |
| Soberba | Orgulho excessivo, altivez, arrogância, presunção. |
| Soberbo | Indivíduo mesquinho, orgulhoso, altivo, arrogante, presunçoso. |
| Soez | Torpe, grosseiro, vulgar. |
| Soleada | Cheia de luz, ensolarada, radiante. |
| Soledade | Lugar ermo, deserto, solidão, tristeza do abandono. |
| Sonata | Peça instrumental em três movimentos, iniciada no séc. XVIII. |
| Sopitou | De sopitar – abrandar, acalmar, refrear. |
| Sórdido | Que causa nojo ou repugnância, imoral, mesquinho, infame. |
| Sordidez | Miséria extrema, repugnância, baixeza, degradação, infâmia. |
| Surdina | Em silêncio, às escondidas, de forma oculta. |

## T

| | |
|---|---|
| Tacão | Salto da bota. Fig.: domínio por autoridade tirânica, opressão, repressão. |
| Taciturno | Que fala pouco, calado, triste, sombrio. |
| Temeridade | Audácia até a imprudência, arrojo, risco, perigo. |
| Tênue | Delicado, sutil, delgado. |
| Tergiversou | De tergiversar – usar de evasivas, rodeios, subterfúgios; enrolar, escapar, divagar. |
| Tetrarquia | Reino dividido entre quatro reis. Ex.: Herodes Antipas era o tetrarca da Galileia que governava esta região à época de jesus. |
| Tonitruante | (Tonitroante) – Que troveja, que estronda, trovejante, atroador. |
| Torpe | Infame, vil, abjeto, ignóbil, repugnante, obsceno. |
| Tórrido | Muito quente, calor intenso, ardente. |
| Transato | Que já passou, passado, pretérito. |
| Transcendente | Que é sublime, superior, elevado, divino. |
| Transeunte | Pessoa transitando ou de passagem por algum lugar. |
| Transfiguração | Consiste na mudança de aspecto do corpo por exteriorização luminosa da aura (Jesus no Tabor). |
| Transitório | Passageiro, provisório, temporário. |
| Tresmalhada | Desgarrada, desviada, perdida. |
| Tresvariado | Estar fora de si, desatinado, insano. |
| Tribulação | Aflição, tormento, sofrimento, adversidade. |
| Tricas | Intrigas, trapaças, tramoias, traições. |
| Tropeço | Obstáculo, embaraço, empecilho. |
| Turbilhão | Vento em redemoinho. Fig.: multidão em movimento, turba. |

## U

| | |
|---|---|
| Ultrajado | Afrontado, desacatado, injuriado, ofendido. |
| Urdidura | Ato de urdir, armar um plano para atingir um objetivo. |
| Usurpar | Apoderar-se indevidamente de algo, adquirir por fraude, apossar-se. |

## V

| | |
|---|---|
| Vacilante | Aquele que vacila, que está indeciso, inseguro, duvidoso. |
| Vacuidade | Estado, condição ou qualidade do que é ou está vazio; vazio moral, intelectual ou espiritual. |
| Variegado | De cores e formas variadas, de múltiplos matizes. |
| Vasilhame | Recipiente usado para armazenar líquidos ou sólidos, vasilha. |
| Vassalo | Servo, súdito submetido ao seu rei. |
| Vau | Trecho raso do rio para passar a pé ou a cavalo. |
| Velado | Em segredo, oculto, escondido, encoberto. |
| Velário | Toldo antigo usado em teatros ou circos, para proteger contra a chuva. Sombras do anoitecer, "...até que a noite mergulhou a alma das coisas no seu velário de sombras espessas" (*Paulo e Estêvão*, 2ª parte – cap. 1). |
| Venal | Aquele que se vende, corrupto, subornável, corrompido. |
| Vendilhões | Vendedores ambulantes. |
| Vereda | Caminho estreito, atalho, senda. |
| Vergado | De vergar – curvar, dobrar, envergar. |
| Viandante | Viajante em busca de conhecimento; aquele que leciona conhecimentos retirados da experiência. |
| Vicejavam | De vicejar – fazer germinar, manifestar-se com força, desabrochar, desenvolver, crescer. |

| | |
|---|---|
| Vicissitude | Mudança ou variação na sucessão das coisas, transformação, alteração, eventualidade, má sorte, azar, revés. |
| Vileza | Baixeza, indignidade, infâmia, mesquinharia. |
| Vis | Ordinários, infames, desprezíveis, mesquinhos. |
| Voluptuoso | Com grande prazer, com deleite, delicioso, sensual. |
| Volve | De volver – mudar de posição ou de direção, virar, regressar, reverter. |

## Z

| | |
|---|---|
| Zelote | (Do hebraico *kanai – kana'im*) – Aquele que zela pelo nome de Deus. Membro de um partido judaico do tempo de Jesus, que incitava o povo a lutar contra o domínio romano. |
| Zimbório | Cúpula, firmamento, abóboda celeste. |